人本取向 沙盤治療

Sandtray Therapy
A Humanistic Approach

Stephen A. Armstrong 著

沈玉培、施玉麗 校閱

許智傑、謝政廷 譯

Sandtray Therapy
A Humanistic Approach

Stephen A. Armstrong

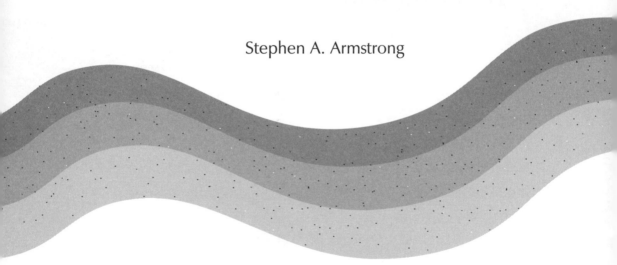

目錄
contents

 作者簡介

| Stephen A. Armstrong |

　　美國北德州大學哲學博士、美國專業諮商師／督導執照（LPC-S）、美國註冊遊戲治療師／督導（RPT-S）。現職為美國德州農工大學 Commerce 分校諮商研究所副教授。

　　他在任教的研究所以及美國德州達拉斯地區的私人診所訓練諮商師從事遊戲治療、沙盤治療，以及完形治療。他已經發表許多遊戲治療與沙盤治療的文章，並刊載在美國當地的期刊與國際化的期刊。此外，他也是《國際遊戲治療學報》（*International Journal of Play Therapy*）的前任主編。

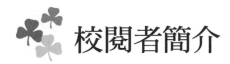

校閱者簡介

| 沈玉培 |

現　　職：國立嘉義大學輔導與諮商學系專任助理教授

嘉義市諮商心理師公會監事

學　　歷：美國德州農工大學 Commerce 分校諮商研究所哲學博士

主要經歷：國立嘉義大學家庭與社區諮商中心主任

嘉義市諮商心理師公會第四屆理事長

台灣遊戲治療學會第五屆理事

慈濟大學兒童發展與家庭教育學系助理教授

研究領域：遊戲治療、沙盤治療、兒童與青少年諮商、親職教育、督導

| 施玉麗 |

現　　職：國立嘉義大學輔導與諮商學系兼任副教授

學　　歷：國立彰化師範大學輔導與諮商研究所博士

主要經歷：國立嘉義大學輔導與諮商學系專任副教授

國際沙遊治療學會（ISST）會員

國立嘉義大學學生輔導中心主任

台灣遊戲治療學會第二屆理事

嘉義市諮商心理師公會第一屆與第二屆理事、第三屆監事

研究領域：遊戲治療、沙遊治療、親子遊戲治療、沙盤督導、親職教育

 譯者簡介

| 許智傑 | （第 4～9 章、附錄）

現　　職：臺中市烏日區僑仁國小專任輔導教師
學　　歷：國立臺灣師範大學教育心理與輔導學系博士
經　　歷：國立嘉義大學家庭與社區諮商中心特約諮商心理師
　　　　　國立嘉義大學學生輔導中心兼任輔導老師
　　　　　嘉義縣學生輔導與諮商中心特約諮商心理師
　　　　　嘉義市學生輔導與諮商中心特約諮商心理師

| 謝政廷 | （第 1～3、10～12 章）

現　　職：國立臺北教育大學心理與諮商學系專任助理教授
學　　歷：國立彰化師範大學輔導與諮商學系博士
經　　歷：彰化縣學生輔導與諮商中心兼任諮商心理師
　　　　　國立嘉義大學學生輔導中心兼任輔導老師
　　　　　國立彰化師範大學學生心理諮商與輔導中心兼任諮商心理師
　　　　　中臺科技大學兒童教育暨事業經營學系兼任講師
　　　　　國立臺東大學教育學系兼任助理教授
　　　　　新北市板橋區文聖國小專任輔導教師

 中文版序

　　當我在 2011 年 4 月前往臺灣時，我對於我所遇見的很多遊戲治療師所具備的知識與技術印象深刻。當中很多人曾經在美國學習，而且明顯地他們對於人本取向的理念與介入方式感到舒服自在。他們瞭解治療關係是催化個案改變與成長最重要的因素。

　　同時，我在臺灣的期間有機會在嘉義帶領兩天的人本取向沙盤治療之體驗性工作坊。參與的伙伴讓我有滿滿的收穫並將這些收穫帶回美國。即使他們在我到達臺灣之前對我尚未有太多的認識，但是他們卻願意帶著勇氣在工作坊中進行冒險以學習。

　　在美國，很多諮商師教育者以及治療師認為華人研究生是謹慎且含蓄的。當我在嘉義帶領工作坊時，我擔心我在治療中所採用的人本取向可能會令參與者感到威脅。我所學習到的是：在其他 25 位參與者面前創作與處理他們沙盤的學生與治療師，並不像之前所想像的華人可能會有的樣貌。當工作坊的參與者得以使用中文談論沙盤時，他們感到舒適自在，並且願意表達痛苦的情緒感。這讓我體會在美國期待學生說英語時是感到放鬆的，如果我在臺灣時被要求說華語，我可能會感到失落與害怕。

　　在臺灣，我和很多學生以及其他我所遇見的人逐漸變得非常親近。我記得我當時在離開臺灣返回美國時是感到悲傷的。我所學習到的事情之一是：人本取向沙盤治療在臺灣是很被接受的，而我所遇到的人們也開放地學習如何與個案在此時此刻進行工作。我希望當你在閱讀本書時，你可以發現能夠幫助你和個案較為有效工作的一些想法。如果你是一位督導者或教授，我希望你與你的學生能夠從本書獲得裨益。我非常高興我的原著能夠被翻譯成中文，提供亞洲所需要的以感覺為基礎、此時此刻的諮商工作

焦點。處於各種文化中的諮商所研究生迫切渴求能夠有機會看見臨床工作者示範如何與個案有效工作的方式。我希望本書能夠滿足這個迫切的渴求，並且提供讀者一個有幫助的、有效的沙盤使用模式。

Stephen Armstrong

美國德州農工大學 Commerce 分校副教授

（www.sandtraytherapyinstitute.com）

🍀序言

　　誠如我在第一章所述，本書撰寫的目的是為了提供實務工作者一個有效的工作取向來和個案進行沙盤治療的歷程。本書附贈的 DVD 呈現本書所闡述的人本取向如何與真實的成人個案進行沙盤歷程。因為本書主要是為了實務工作者所撰寫，因此，我使用較直接的撰寫風格，而較少使用正式的與技巧性的風格。在本書中，我時常直接對讀者說話。我的一位同事，也是本書的校閱者之一，告訴我這本書讀起來像一封信。此外，我想要避免舊式的使用「他」，因而在本書大多數的篇幅我使用了「她」這個字。

　　在本書的第一部分，我描述了人本取向的治療方式、關係在這個取向中的重要性、作為一位治療師相關的重要議題，以及一些對於想要使用人本取向沙盤治療的治療師們在發展上的考量等。第二部分是本書中最實務的部分，也是本書的核心。DVD 的歷程最主要聚焦在這個篇幅，並且DVD中描述了沙盤治療的不同面向，包含：此時此刻的感覺、和個案的兩極工作，以及抗拒與哀傷的議題等。第三部分則涵蓋一個章節說明我如何使用沙盤在督導之中。在這個篇幅中，我也聚焦在研究與訓練的內容。假如你對於學習某個沙盤治療的取向感到興趣，我希望本書所闡述的人本取向能夠提供你使用有效的架構來和個案進行治療歷程。

 # 致謝辭

我很幸運一路上有這麼多人幫助我。Dee Ray 是我過去六年來的良師益友，引導我克服挑戰世界而讓我成為一位諮商師教育者。對那些志在諮商領域成為優秀的講師與研究人員而言，Dee 是一個角色楷模。她的友誼、回饋與輔導對我而言是無價之寶。

我也結識了兩位幹練的治療師：Rick Carson 與 Bob Berg，教導我很多成為一位治療師所需具備的條件。我深深的佩服他們，並且對於自己能夠在他們的門下學習成為一位治療師感到非常幸運。

如果沒有我那位認識超過三十年的朋友 Garry Landreth，我可能不會攻讀諮商博士的學位。他看見了我的潛力，他的鼓勵給了我信心，讓我相信我真的可以完成博士的學程。

Stan Ferguson 是一位作家、一位治療師，也是我一位超過三十五年的朋友，無論是在個人層面與專業層面均幫助我甚多。每當我在倫理抉擇上缺乏澄清時，我總是諮詢 Stan，他總能幫助我釐清情境。最近，他在出版付梓的工作給予我很大的幫助。

我也非常感謝我們系上的主任 Stephen Freeman，他的友誼與領導對我而言有很大的意義。特別感謝 Dee、Stan 與 Stephen 對於本書提供他們想法上寶貴的回饋。

推薦者序
——沙盤使用的新視框

　　這幾年國內對沙遊治療的學習興趣濃厚，有許多的訓練與翻譯書籍提供管道讓有志學習者可以理解與接觸這個吸引人的有效工作模式。目前國內這些學習資源，多偏重在榮格學派取向的沙遊治療介紹上。對於相對非榮格學派的沙盤治療取向，國內目前較少有相關論述。這一本《人本取向沙盤治療》正好可以幫忙豐富沙盤世界技術的多元使用面貌。

　　本書的寫作方式與內容相當平易與親和，作者不時以本身作為治療師的成長脈絡，穿插說明人本取向的沙盤治療的理論背景與實務應用經驗，讓讀者似乎在小故事之間，很容易地理解了相關重要概念與方法。更有意義的是，這本書充分示範學習使用沙盤技術的兩個重要面向。首先，結合人本取向的沙盤技術而成為完整可據以思維、工作的「人本取向沙盤治療」模式。其次，閱讀完本書也能理解作者本身如何整合完形學派訓練與非指導性學派而形成所謂「人本取向」的風格。這樣的示範，讓閱讀本書除了有最基本的知識性學習：了解什麼是人本取向沙盤治療及如何進行之外，更重要的是鼓勵心理衛生工作人員，可以善用沙盤的技術結合不同理論派典而形成為自己所用、與自己結合的工作法門。

　　本書的兩位校閱者在沙盤治療領域上皆是學有專精的人物，沈玉培博士與本書作者有指導師徒的關係，對於人本取向的沙盤治療自然能得其精髓；施玉麗博士則是國內培育、成功取得國際沙遊治療師證照的第一人，對於發展鼎盛的榮格取向沙遊治療當然領悟深刻。兩位合作校閱本書，定是相輔相佐將原文旨趣中文化的過程做適切的校正修飾，讓內容清楚又正

確，對讀者在了解沙盤治療有好的助益與啟發，更是對豐富國內的沙盤治療學習資源，做了最好的貢獻。

高淑貞

彰化師大輔導與諮商學系教授

校閱者序

　　我們學習沙遊治療已經好幾個年頭，我們教授沙遊治療也有數個年頭。無論是在學習或教學過程中，我們一直都是以榮格取向的沙遊治療為主要的學習與訓練方式。然而，每每在期末或是工作坊結束之後，參與課程的伙伴給予我們的教學回饋中常會提及：「除了學習榮格取向的沙遊治療以外，也非常期待能夠學習其他的諮商取向會如何結合與應用沙盤治療，成為一種與個案工作的方法。」這樣的回饋讓我們有所啟發，心想：「若是能夠讓學生學習如何運用其他的諮商理論結合沙盤治療，應能對學生在運用沙盤與個案工作時，注入一股源泉活水。」恰巧，我們兩人之一，也就是沈玉培老師，在美國正是學習人本取向沙盤治療的方式，也是本書作者的入室弟子。因緣際會之下，沈玉培老師在教授沙遊治療時使用了本書，也獲得相當棒的迴響！因此，我們討論之後，決定將這本書介紹給臺灣更多對於沙盤治療感到興趣的伙伴們，也因而興起了翻譯的念頭。

　　本書之所以能夠獲得我們的青睞，除了在於作者使用人本取向的觀點結合沙盤治療之外，最大的特色在於作者使用三個部分的內容說明人本取向沙盤治療。首先，在第一部分，作者介紹了何謂人本取向，當中的精髓為：治療關係的重要性、人本取向治療師的基本態度與要求、考量個體本身發展的層面等。其次，在第二部分，作者闡述人本取向沙盤治療的歷程，當中的要旨為：人本取向沙盤治療如何透過物理空間的布置，進而催化個案的覺察與改變。特別是覺察兩極、與個案的抗拒同行，以及人本取向沙盤治療中的哀傷議題。第三部分則說明人本取向沙盤治療的督導、研究與訓練。當中不僅開啟了結合人本取向沙盤治療與督導的新視野，也綜合了近年來國外關於沙盤治療的研究，以及作者累積多年訓練人本取向沙

盤治療學習者的經驗衍生而來的訓練形式等。總之，全書透過平易近人的口吻，融合案例分享，深入淺出的說明人本取向沙盤治療的理論與實務觀點，可說是一本相當值得閱讀的好書！

　　為了力求能夠貼近作者的原意，我們便需要尋覓合宜的翻譯伙伴。後來，想到可以邀請兩位目前正在博士班進修的實務工作者——許智傑先生與謝政廷先生。兩位譯者均在沙盤治療下了一番苦功，英文閱讀與翻譯能力也很棒，因此，在我們的邀請之下，兩位譯者也很爽朗的答應了此吃力不討好的邀約。本書得以順利出版，兩位譯者可說是功不可沒！再者，也感謝心理出版社的林敬堯總編輯與執行編輯林汝穎小姐，在本書出版的過程中，給予我們大力的支持與協助。也要感謝國立彰化師範大學輔導與諮商學系高淑貞教授在百忙中抽空為我們寫序。此外，感謝我們所任教的嘉義大學輔導與諮商學系以及曾經邀請我們進行教育訓練的相關機構，讓我們有舞臺得以系統化地將我們所學得的知識與技巧傳承給更多助人工作者。最後，謝謝所有曾經訓練過我們與協助過我們的老師們以及伙伴們，讓我們得以將這份知識繼續傳承下去，造福更多的人。

沈玉培、施玉麗　謹識
2012 年 4 月 9 日

譯者序

　　回想在一年前，承蒙沈玉培老師與施玉麗老師兩位國內沙盤治療大師級人物的邀約而翻譯此書。當時只想著透過本書的翻譯，讓沙盤治療的概念得以在臺灣被更為系統化的介紹。在研讀此書之後，深深覺得作者Armstrong以其豐富的實務經驗分享沙盤治療的相關想法，實在很寶貴。因此，便花費了將近一年的時間翻譯本書。

　　本書的重點主要在於：以沙盤治療結合人本取向的觀點運用在治療歷程之中。書中闡述許多人本取向的重要概念與治療實務上的因應之道，像是：治療關係的重要、兩極的覺察、改變的困難、抗拒的處理、提醒治療師切勿落入比個案更急於改變的狀態等。這些概念對於實務工作者來說，無疑是最佳的叮嚀與方針，不僅能夠幫助實務工作者增進治療效能，同時也能夠避免治療歷程中，實務工作者因為個案遲遲未能改變而引發挫敗感。此外，隨書附贈的DVD、書中的影片討論，以及附錄中的逐字稿，在在都能協助讀者更加清楚理解沙盤治療的過程與應用，更能對於沙盤治療結合人本取向的模式有更深度的認識與理解。最後，作者 Armstrong 也在書中分享個人的生命經驗，不僅拉近了與讀者的距離，也更能讓讀者見識到治療師個人的生命經驗與專業發展是息息相關的。

　　在本書出版之際，回首翻譯過程中的點點滴滴，時間與精力的付出是最大辛苦。但是在閱讀與翻譯的過程中，所獲得的學習是種享受，也是一種樂趣！而在翻譯完成之時，更是一種成就！本書的出版需要感謝許多人的付出，非常感謝沈玉培老師與施玉麗老師的校閱，讓本書能夠更為完善。特別是沈玉培老師，是作者 Armstrong 的嫡傳弟子，在其與施玉麗老師兩人合力的校閱下，使得本書得以更為完整。再者，感謝母校國立嘉義

大學輔導與諮商學系、國立暨南國際大學輔導諮商研究所，以及當下正在栽培我們的國立彰化師範大學輔導與諮商學系，還有國立臺灣師範大學教育心理與輔導學系諸多老師們的教導，使得我們有雄厚的理論基礎能夠翻譯好這本書。最後，感謝家人們的支持以及心理出版社林敬堯總編輯和林汝穎執行編輯的協助，讓本書得以順利出版。希望透過這本書的出版，能夠為臺灣的沙盤領域帶進更多新的視野。

許智傑、謝政廷　謹識

2012 年 2 月 22 日

第一部分／人本取向

第 1 章
人本取向之介紹

🍀 本書的焦點

　　有些書已經描述過沙盤的相關主題，很多是從榮格取向的觀點來撰寫（Kalff, 1980; Turner, 2005），而其他較多是折衷取向（Boik & Goodwin, 2000）。這些書裡很大的貢獻在於解釋物件的意義、沙盤的尺寸、景象的詮釋或在實務方面的沙盤操作。所有的這些主題都是重要的，也在本書中被提及，但不會被特別強調。如此看來，是什麼讓這本書變得不一樣呢？本書的主要焦點在於沙盤的**歷程**，隨本書附贈的 DVD 會示範說明與真實的成人個案進行沙盤治療歷程的方法。在 DVD 中所呈現的歷程，是真實沙盤治療的歷程，且未經過修訂。本書主要聚焦在與成人和青少年進行沙盤，而在 DVD 中，我會示範說明我是如何進行的。我有時會聚焦在與年幼兒童的沙盤治療，但多數我在本書所含括的沙盤治療是與十五歲或更年長的個案。

　　假如你是實務工作者／臨床醫師或是在諮商相關領域的研究生，對於沙盤感到很好奇，這本書將能夠幫助你提供優質介入策略給個案，也可能

會引發你的興趣去接受進一步的訓練。假如你是一位督導者想要運用沙盤與受督導者進行督導，我也將此部分涵蓋在本書的一個章節之中，當中的內容包含了沙盤在督導過程中的運用。假如你是遊戲治療師想要了解沙盤，相信本書一樣會引發你的興趣。

沙盤治療是遊戲治療的一種形式（Flahive & Ray, 2007; Homeyer & Sweeney, 1998）。在沙盤和遊戲治療中，個案透過活動與象徵性遊戲來表達自己。遊戲治療的訓練和經驗是沙盤治療的先決條件嗎？我不確定你**必須**得要成為遊戲治療師之後才能針對個案運用沙盤，但是我相信遊戲治療的訓練與經驗確實是有利的條件。

遊戲治療的訓練能夠在許多層面上，幫助那些想要成為沙盤治療師的人，但是在這裡我只聚焦在少數的幾個面向。首先，優質的遊戲治療訓練提供實務工作者哲學思維以及活動導向之策略。此外，遊戲治療訓練提供受訓者解讀並回應**非口語線索**的經驗。在本書附贈的 DVD 裡，該名個案在諮商療程中，有許多次我回應諮商**歷程**而不是**內容**。

很多治療師或諮商員在訓練中尚未發展這個技術，但就我的觀點而言，所有好的治療師都相當善於解讀和回應非語言的線索。我的建議是在你接受沙盤治療師的訓練之前，至少先選修遊戲治療的入門課程。

表達性藝術的經驗是沙盤治療的先決條件嗎？也許是吧。我強烈建議你在鑽研沙盤之前，親身體驗表達性藝術的活動。換言之，在你想要運用沙盤治療的療程之前，可以先從**個案**的立場體驗沙盤和其他表達性藝術活動。我也建議你學習如何使用其他表達性藝術媒材與個案互動。

假如你還未讀過由 Homeyer 與 Sweeney（1998）所著作的《沙盤：實務工作手冊》（*Sandtray: A practical manual*）一書，我強烈推薦這本書。他們的書中包含了許多沙盤的基本原則，我發現這本書已經成為我和個案以及受督導者工作時的寶貴資源。本書實際上是從 Homeyer 與 Sweeney 的《沙盤：實務工作手冊》截長補短而來的。Homeyer 與 Sweeney 提到了歷程，但這不是他們書中主要的焦點。當我在討論歷程時，雖然我會參考他們的書，但是我與讀者分享的事物大部分都來自於我自己的訓練過程，以

及與個案和受督導者互動的經驗。

　　本書主要的目的在於提供實務工作者、進階的研究生和督導者一套從人本取向觀點出發的沙盤歷程模式。雖然我相信這本書對於沙盤的任何理論取向都會有所幫助，對沙盤治療而言，榮格取向可能包含了大部分的基本理論，但也可以從本書中發現到不同於榮格取向所教導的事物。事實上，榮格取向很典型地將沙盤治療歸類為「沙遊治療」（Allan, 1988; Kalff, 1980）。折衷取向或是人本取向的實務工作者與受訓者應該會發現，本書很容易與他們的理論架構結合在一起。無論如何，我相信不論所抱持的理論取向為何，**學習與個案在此時此刻工作都將會使得每一位治療師更加成長**。當我使用人本（humanistic）這個名詞，我所談論到的治療理論取向，包括人本哲學思想與個人中心以及完形主義。在整本書中，你將會看到個人中心與完形哲學的整合。就如同 Herlihy（1985）所提到的，個人中心與完形取向有相當多的地方是共通的。兩者皆強調治療關係、個案對於現實覺察的重要性，以及情感的重要性。我已經發現人本取向整合個人中心和完形治療，提供了我有效的方法催化個案成長。

🍀 人本治療

　　Cain（2002）提及人本心理治療的起源可能是 Carl Rogers 在 1940 年的演講中所提出的。Rogers 的演講被稱為是「心理治療的新觀念」，他批評當時的心理治療，並且提出一種重視情緒和現在，而非強調認知和過去的治療取向。Rogers 指出，治療關係就是一種成長的經驗。而大眾對 Rogers 演講的回應則是摻雜著興奮、批評與困惑。

　　人本治療師認為個案能夠自我實現，且與生俱有發展個人潛能的傾向（Cain, 2002, p. 3）。個案被視為是有能力運用內在資源進而成長。人本治療師相信人們能夠自我覺察，以及為他們所作的選擇承擔起責任。個案被視為是社會性生物（social beings），具有強烈的歸屬需求。

　　在人本心理治療中，治療關係是個案積極改變的重要來源（Cain, 2002）。治療關係最主要的目的是創造一個理想的氛圍提供成長。Rogers 提到「大多數的兒童，如果給予適當的正常環境，能夠滿足他們情緒、智能與社交的需求，他們內在就有足夠的驅力朝向健康，以回應並對生活作出安適的調整」（Kirschenbaum, 1979, p. 75）。然而，等到治療師接受兒童、青少年或成人為個案的時候，他們會需要更多適當的正常環境，因為他們在幼兒時期是沒有信任感的。因此，提供理想的成長氛圍是最為重要的。

　　但是在兒童們身上究竟發生了什麼事情，使得他們越長大時，從充分體驗的個體變得不一致且未能自我覺察的個體呢？Kirschenbaum 與 Henderson（1989）陳述如下：

> 　　當人們從嬰兒成長到成年時，內在的分裂會逐漸的發展，分裂是指我們的立即覺察與我們自己的深度經驗分離。為了得到認可和愛，我們學習去壓抑那些感覺，以及我們認為主要照顧者所不能接受的表達。我們被愛和被接受的需求會削弱我們一致、完整與真誠的能力。嬰兒時期的「評價中心」（locus of evaluation）穩固地深埋在我們內心，但是當我們在身體、情緒和智能上成長，我們學習「內攝」（introject）那些來自於外在世界帶給我們的評價，直到不再可能知道我們自己到底是誰。（p. 155）

　　在與我是誰失去接觸的歷程中，治療師的任務是催化，讓個案在此歷程之中能夠回到她最初所擁有的：「和她自己本身的連結」。個案透過接納自己是誰，以及將所有的感覺視為是可以接受的，個案便能夠開始知道、尊重和接納自己真實的感覺，而不是用消毒的觀點來看待自己。為了催化成長，治療師在意識面上努力去擱置自己的看法以及先入為主的意見，並理解個案的感覺。治療師的焦點在於個案對現實的觀感知覺。如同 Rogers 所提到的，人本治療師相當強調情緒，同時認為情緒在影響人類的

行為上扮演著重要的角色。除了幫助個案更了解他們的情緒，人本治療師也幫助個案理解他們生活中的意義和模式。

「人本治療師認為人們在本質上有自由去選擇生活的方式與方向，以及他們面對事情的態度。人們在自由選擇的同時，也要為自己的選擇承擔責任。」（Cain, 2002, p. 12）透過增加覺察，個案更能夠確認自我挫敗的選擇和行為的模式，以及選擇新的道路或方向。

在本書中，人本取向將主要聚焦在當下。Bugenthal（1999）指出，治療師應該聚焦在個案立即性的主觀經驗多於個案的資訊。Bugenthal 提到在生活的片刻中增進我們的覺察，也意味著增進自我引導的有效性和生活的滿意度。

這本書主要是寫給接受諮商訓練的實務工作者，然而，書中的資訊應該也適合臨床社工人員與諮商心理學家。在一些學術課程的設計中，接受訓練的諮商員被鼓勵選擇單一的諮商理論，從中對個案進行概念化與介入。假如受訓的諮商員脫離該理論，督導者將會糾正她的錯誤，同時引導她回到與自己所選擇的理論相符的應用。在其他學術的情境，臨床社工人員或者諮商心理學的課程聚焦在技術，而理論往往不是全然的被忽略，就是次要的。在其他的課程中，學生被鼓勵採取折衷的理論。

另一方面，實務工作者通常有較高的興趣在滿足個案需求，而非遵循理論的模式。雖然我知道許多實務工作者，在他們的取向中只有使用單一的理論與個案工作。我相信除了遊戲治療師之外，這樣的實務實屬罕見。我已經深受到在北德州大學（UNT）的個人中心學派訓練、Rick Carson 的完形訓練、Greenspan（2004）的發展理論，以及其他訓練的影響。我發現綜合這些觀點和技術，讓我能夠滿足個案，以及曾與我共事過的受督導者們的需求。

在這本書中我不會討論很多的理論，但這不意味著我認為理論是不相關或是不重要的。相反地，我相信這些是非常重要的。實務工作者如果沒有理論去形成個案概念化與介入策略，會限制自己與個案工作的成效與方向。從摸彩袋裡隨手抓出技術來運用的諮商員，若能為自己的治療發展理

論基礎，將會讓治療更好。

　　關於督導的部分，我想要說句話，身為督導者的我已經發展出我自己的風格。在我與博士層級受督導者的工作中，身為一位督導者，我發現聚焦在治療師這個人身上，顯然是最豐富的經驗。我相信我的受督導者們比較看重此類的工作遠多過聚焦在個案身上的督導方式。沙盤很適合讓受督導者們加深自我覺察與催化成長，邁向在治療之中有效的運用自我。當你閱讀本書時，治療師自我覺察的重要性將會變得明顯。如同治療師一般，假如我們的焦點是在此時此刻（here-and-now）的感覺，我們需要開發一個舒服的地區給那些具有強烈感覺的個案，同時我們也需要去覺察那些感覺對我們造成的影響。

　　我在本書中所作的假設之一是：覺察與成長是相輔相成的。假如我沒有覺察到一些事情，那麼我如何能改變它呢？這本書能夠肯定個案與我有越多覺察越好的這個假設，因此書中很多部分是關於如何催化個案覺察。身為治療師的你有越多的自我覺察，就越能夠更深度地帶領你的個案。

🍀 覺察與洞察

　　我想要在覺察（awareness）和洞察（insight）之間作個區別。我相信洞察是重要的，但可將它視為覺察的副產品。我區分這兩者的方法是：洞察是關於**為什麼**（why），而覺察則是關於**什麼**（what）及**如何**（how）。讓我們假設你注意到某人剛才對你說的一些話時，你所做出奇怪的回應。你注意到你的腹部肌肉已經緊繃，同時你的想法開始奔馳。這個**注意**的過程就是我所稱為的「覺察」。你注意到自己正在經驗的**事物**，以及你**如何**做出回應。假如你想著**為什麼**你會用這種方式反應，而且意識到這個人對待你就如同父兄一般，這些我稱為「洞察」。我認為洞察是較多認知的歷程，而覺察是較多此時此刻的經驗性歷程。這兩者都很重要，但我遇到洞察的人多過於覺察的人。包括治療師在內，許多人都非常有洞察力。我們

傾向想要知道何以我們做這些事，許多個案也是如此。在西方的文化中，洞察和分析似乎比覺察更被強調。對我們來說，去解釋每一件事情似乎是非常重要的。當然許多生活中的事物很難去解釋。我猜想有些發生在你身上的事情，你可能也沒有解釋。

　　覺察是會讓人驚慌的。它是經驗性的與此時此刻的。當然，覺察也是在事後。我沒有注意到某些事情可能會讓我感到很痛苦，直到這段經驗過去之後。洞察也通常是在事後，它通常是反思（reflection）的結果。反思是重要的，而在我們的文化中有些被忽略。我們似乎因為許多分散注意力的事物而阻礙了反思。反思可能是聚焦在**為什麼**，或者也可能聚焦在**什麼**以及**如何**。

　　本書大部分的焦點在**覺察**，而不是洞察。Rohr（1999）提及我們對於覺察的第一個反應，典型地不是正向的反應。他觀察到當人們邁入一個新層次的覺察時，大多數的人們會經驗到焦慮感的增加。我們喜歡生活在舒適圈裡，而覺察會瓦解掉舒適圈。當我們前進到舒適圈的邊緣，我們會傾向經驗到焦慮。雖然我們相信知道真相是好事，但是我們傾向害怕這種真相。

　　舉例而言，我傾向於去批評我自己和其他人，這並非是我會正向看待的傾向。在大多數的情況下，我把這種傾向視為是我的弱點。有些天，我注意到我批評大多數當天看到的人們。當我能夠注意到我已經做出的事情，這是有幫助的，但卻不會讓我對自己的感覺轉好。

　　現在讓我們轉換到另外一種形式的批評。當我們注意到與我們自己有關的一些事情，去評價或批評自己是很容易的。在大多數的情況之下，我不相信這種態度對我們是有幫助的。**當我們注意到自己的模式或者習慣時，若越能夠不帶著評價去面對我們自己，那麼我們也越能夠成長。**人們會在接納的環境之中成長和茁壯。就如同我已經提過的，西方文化本質上傾向鼓勵人們去批評或評價。我們有藝術評論家、音樂評論家和電影評論家。雖然所有這些類型的評論有他們的職責，但是自我批評容易產生不良的後果。而**接納和覺察則能夠催化成長**。

有些治療師認定他們自己是沙盤治療師。我知道有一些沙盤治療師僅使用沙盤來和個案工作。我不認定我自己是沙盤治療師,我會把自己歸類在喜愛沙盤,並深信其適用於任何年齡層個案的力量與價值的人本治療師。我相信沙盤有著神奇與神祕的特性。有時候讓我驚奇的是,看見沙盤是如何捕捉到個案的**所有**核心議題。每個象徵包含記憶、經驗、創傷、希望和夢境。每一個群組的象徵可能表達出個案某部分痛苦的、滿意的、毀滅性的或是有更深意義的生活。這真的很吸引人。如果你已經從個案的角度體驗過沙盤,我期盼你了解沙盤的經驗性層次有多麼的神奇。身為實務工作者,假如你已經運用沙盤,我希望這本書和 DVD 將能夠豐富你運用沙盤與個案工作。

🍀 使用沙盤的原理

> Homeyer 與 Sweeney(1998)定義沙盤治療是一種表達性和投射性的心理治療方式,透過使用特定的沙盤媒材呈現與處理,個體內在以及個體間人際議題,可以視為是非口語溝通的媒介,由個案引導過程,而受過訓練的治療師則負責催化。(p. 6)

因為在這本書中我主要聚焦在運用沙盤與成人和青少年工作,所以我想要補充在人本取向沙盤治療之中,催化的過程是治療中不可或缺的一部分。與年紀較小的個案工作,沙盤治療有較多非口語的特性,但是你將會在 DVD 中看到,沙盤也能夠被用來當作使用口語來探索議題的跳板。

Homeyer 與 Sweeney(1998)提供很多使用沙盤的原理。對於剛接觸沙盤且有興趣的讀者,可能會想要回顧他們針對沙盤的重要性及其理由所作的說明。請記住,本書是給進階的讀者閱讀,基於這樣的目的,我已經修正了 Homeyer 和 Sweeney 的原則。

🍀 沙盤的動覺特性

沙盤具有感官上的特性。許多個案花幾分鐘在沙子中移動自己的手指,有些個案僅透過這樣的感官體驗,就能夠回憶他們在孩提時期的記憶。如同 Homeyer 與 Sweeney(1998)所提及的,「沙子本身就是一種治療經驗」(p. 12)。沙子能夠帶給個案慰藉,同時有助於創造出內在深度工作所需要的安全感。

對很多個案來說,在沙中排列小物件是非常重要的。許多人極細心地將物件放置在沙中,且花費相當多的時間讓物件呈現他們想要擺放的方式。有控制議題的個案似乎很享受這樣的能力,能夠在沙盤中控制自己的世界。顯然,很多個案在生活上感受到較少的控制感或是沒有控制感,所以在沙盤中擁有這樣的經驗對他們來說十分的重要。

🍀 沙盤是間接的

如同遊戲治療一般,個案藉由間接地在沙盤中投射,通常能夠較自在地表達有關創傷、衝突、矛盾、痛苦或其他議題的感覺。他們可能藉由動物或非生物的象徵來代表他們自己,而不是挑選人物來代表自己。甚至在沙盤中的空曠空間也可能代表著個案的某個層面。對很多人來說,經驗痛苦,並且透過口語表達是非常具有威脅性的。許多人非常害怕再次經歷過去的創傷,以至於他們相信自己不可能從象徵的痛苦黑洞中爬出來。沙盤則提供他們更多安全和較間接的方式去表達議題和情感。

沙盤間接的特性可能特別吸引某些個案。很多成人已經發展出間接與他人連結的風格,他們運用這樣的風格時,會傾向於去問問題,而非陳述自己。當我太太和我開始約會時,我很晚才了解到這個現象。她問我說:

「你喜歡外出用餐嗎？」我說：「不會」，同時想著這個話題結束了。後來我發現她這樣問是在陳述她想要外出用餐。我想很多夫妻對此也有類似的經驗。

🍀 在沙盤中強烈的情緒宣洩

我發現宣洩經常在沙盤中發生。我所指的宣洩是很強烈的表達先前未曾表達的情緒，以及有時候是先前未曾覺察的。我發現壓抑和抑制之間的界線是難以辨識的。有些作者認為壓抑比起抑制有較多意識層面的歷程。但是我發現人們在伴隨著強烈的情緒時，會傾向有不舒服的感受，同時也花費大量的能量去控制和避免它們。雖然他們已經對這些情緒有些覺察，但是他們會限制這些情緒的表達，僅表達出他們所覺察到的最低程度的情緒。許多個案相信假如他們經驗情緒，情緒將會消耗他們的能量。一旦他們能夠讓情緒流動，他們意識到情緒的強烈，但也並非不能承受。

在後續的章節中，我將引導你如何幫助害怕體驗情緒的個案。當然，你也要願意去體驗你自己的情緒。在大多數的狀況中，除非你自己願意去深入體驗，不然將無法帶領個案深入他們的經驗。假設你願意學習，你要接受相當多的功課和練習來學習帶領個案深入自我覺察的藝術。

🍀 沙盤具有涵蓋性

家族治療通常不包括幼兒在內（Armstrong & Simpson, 2002）。事實上，許多家族治療師沒有接受與幼兒相關的訓練，而且只接案能夠參與口語治療的家庭成員。沙盤提供一個媒介讓兒童運用遊戲和活動來當作一種溝通的方式。從發展的觀點來看，家族治療不包括幼兒是無法令人接受的。沙盤和其他表達性藝術活動提供治療師遊戲的媒材來催化全家人的參

與（Carey, 1994）。

🍀 沙盤中的隱喻

如同遊戲治療一般，沙盤也是具有隱喻的。Homeyer 與 Sweeney（1998）提及隱喻具有治療性的力量。當個案在沙中創作**自己的**隱喻，治療師便能夠獲得由**個案**所排列出的象徵。因此，治療師無須擔心個案是否能與隱喻相連結。個案不僅能夠創作出隱喻，他們也創作出許多群組的隱喻。有些看起來似乎不相關的象徵交織成一個連貫的整體。

當個案創作這些隱喻和群組的隱喻，運用人本方式與這些素材所進行的工作是**探索，而不是詮釋**。在人本取向中，治療師對於詮釋會予以保留。治療師可能會依據專業知識對沙盤加以猜測，就如同與個案進行談話治療一樣。人本治療師有時候會問自己：「這代表什麼意思呢？」然而，人本治療師很少與個案分享他們對於沙盤的詮釋。

🍀 沙盤能夠催化深度的自我揭露

如果治療師能夠很了解他們的個案，那麼沙盤就能夠為治療中的議題開啟新的層次。本書大多著墨在運用帶領個案深入他們的議題和覺察的方式來回應個案。沙盤具有視覺和動覺的特性，能夠提供一個媒介幫助個案聚焦在議題上，並且與其共處。如果治療師善於與個案在沙盤中所創作出的隱喻工作，個案將會以未曾有過的方式來經驗自己的議題和感覺。如果個案在治療中的此時此刻感受到信任與安全，他們才能夠感到放鬆，進而完全地經驗自己的感覺。在之後的章節，我將會解釋為什麼我認為個案完全地經驗自己的感覺是如此的重要。雖然個案傾向於去抗拒這樣的體驗，但是他們也會想要從束縛自己的枷鎖中獲得自由。

🍀 DVD：沙盤治療的療程

　　本書有別於其他沙盤書籍的獨特之處在於隨書附贈的DVD。這段沙盤治療的療程是真實的，長達四十六分鐘的沙盤療程是沒有事先經過編排和演練。在 DVD 中，我僅涵蓋療程中的歷程（processing）片段，因為這是本書最主要的焦點。

　　在影片中的個案是一名女性，我已經接案她好一陣子了。她四十多歲，已婚，同時育有五個小孩。她原本有六個小孩，但失去其中一個小孩的喪子之痛，是她在沙盤療程之中最主要的議題。在這次晤談前的八個月，個案十六歲的兒子自殺了。他有藥物濫用的歷史，且自殺時人正在精神病院。就如你所能想像的，兒子的死亡對個案來說是具有毀滅性的。個案的一些其他議題也將浮現，但是在看這段療程的影片之前，我想要你先去了解這個議題。這個影片的拍攝是獲得個案的同意，她希望她的故事能夠幫助其他的人。

　　整個療程的逐字稿都在附錄中，我轉謄我自己在療程中的優點和缺點。在逐字稿中，除了「你知道嗎」和「嗯哼」的話語之外，記錄了我和個案所說的每一句話。為了催化學習並提供參考，我針對個案和治療師的部分加以編號。

　　在閱讀本章之後，我建議你先觀看 DVD 中的療程，因為我會在第 2 章談論這個療程。在本書的第二部分，我經常提到這個療程，所以在閱讀這些章節之前，你需要先看過這個療程。當你第一次觀看 DVD 時，我建議你就像是看電影一樣，嘗試去融入並經歷其中。我不建議你在第一次觀看時，隨著 DVD 對照著逐字稿閱讀。

　　我也建議你每次都是在專注的狀態下觀看影片，因為這個療程是相當強烈的，而個案的議題是很痛苦的。在療程中，個案失去她的兒子，同時也經驗到痛徹心腑的失落。這療程距離完美還差得遠，在看完這個療程之

後，我看見許多部分，如果再給我一次機會的話，我會做得更不一樣，我會在本書中評論這些不完美。療程中不完美的部分可能是 DVD 受人喜愛的特點。我很清楚當我在教導和訓練碩士生與博士生時，每當我犯錯時，他們總是特別的喜愛。在學生們的評價中，他們很欣賞我願意在課堂上分享不完美的治療時刻。我希望你能從療程中找到人本取向應用沙盤治療的正向示範。

　　一個使我掙扎的議題是解釋我如何做到我所做的，學生們可以幫我作證，這對我來說並不容易。我所做的大多是憑當下的**直覺**，當我在課程上做完現場的示範和訓練，學生們問我為什麼我是這樣回應，而不是以另外一種方式回應。面對許多學生們的困惑，我經常回覆的答案之一是「就是一種感覺」。當學生或受訓者聽到專家說出類似這樣的話時，是很挫折的。當人們正在嘗試學習某一件事物時，沒有任何一個人會想聽到這個答案，但不幸的是，事實就是如此。假如你已經是一位資深的治療師，你是直覺很強的人，或者你的治療取向與我相近，那麼你可能就會明白我的意思。在本書的後面，我們將會討論到諮商員／治療師的發展，以及治療師如何發展他們個人的治療風格和取向（Ronnestad & Skovholt, 2003）。

　　雖然我是直覺型的治療師，也經常難以描述我如何進行治療，但是本書提供 DVD 光碟，讓您在療程中有真實的案例參考。此外，本書從頭到尾，我會努力嘗試去解釋我在 DVD 中所做的一切。其他的沙盤治療師可能對個案會有截然不同的回應，但也能讓個案達到同樣滿意的治療效果。我必須要一再強調，在這本書中我嘗試去做的是呈現出進行沙盤治療的有效方式，但是我從未想要傳達這才是最棒的，或這才是最好的治療方式。

🍀 令人滿意的諮商與治療

　　我想要分享一些我個人對於諮商和治療的偏見。我認為令人滿意的諮商和治療是關乎極為深度的人際關係。許多作者嘗試去描述這樣的關係，

而我也想要在本書中描述。但是，請容許我先說明什麼是令人感到不滿意的諮商或治療關係。在大多數的情況下，我不相信令人感到滿意的諮商或治療是短期的。顯然地，擁有這樣的想法意味著我反對照護管理（managed care）的原則與指導方針。由於照護管理以及其他的因素，使得像是短期治療和焦點解決等治療取向在近十年間受到歡迎，同時也在時下被廣泛的運用。在下一章，我將會更深入討論短期治療的議題。我可以很確定的是，如果我能與照護管理的趨勢和業務相一致，我將能夠在幾年間賺到許多金錢。但是我不相信令人感到滿意的治療是速成的，我也不相信治療應該是要快速地解決問題。

雖然個案前來諮商是想要解決他們的問題，同時需要協助找出解決之道。然而，個案帶進治療中的許多問題並沒有快速又簡單的解決方法。在DVD中的個案因為失去兒子，如果治療師告訴個案能在六到八週內修通兒子自殺所帶來的痛苦和罪惡感，我能夠想像個案會感受到不舒服以及刻骨的傷痛。

當然，也有些個案來到諮商員或治療師的面前，但本身並沒有意願投入自我探索和自我發現的歷程。我很清楚知道期待所有的個案承諾參與這段成長與改變的漫長歷程是一廂情願的。有些個案最初進入治療歷程只是想要來解決特定的一兩個問題，而之後他們的目標會轉換到更多自我探索的歷程。然而，就如本書中所提及：深入治療的方式顯然並非適用於每一位個案或每一位治療師。

儘管我必須承認焦點解決諮商的知識是有限制的，我知道對某些個案和議題來說，焦點解決取向的治療相當有效。再者，我非常尊敬像是Beck的認知治療以及其他的治療取向。事實上，假如你正在與憂鬱或焦慮的青少年或成人工作，而你卻**沒有**處理認知和行為的議題，我認為你無法提供給個案所需要的部分。幫助個案發展一些有效的因應技巧、認知和行為介入，對憂鬱和焦慮的個案來說是非常實用的，沒有其他的事情能夠比得上。大量的憂鬱症研究顯示，認知治療在減緩憂鬱症狀方面是有效的（Jacobs, Reinecke, Gollan, & Kane, 2008）。有趣的是，認知治療不只是處

理個案的抱怨，治療師也處理個案更深層的核心信念（Burns, 1999）。因此，在認知治療中，個案被期待去參與自我探索的歷程，此歷程可能比個案先前所預期的會持續更久。

當談論到個案在許多的議題間掙扎，像是悲傷、人際關係上的困難，以及事業或婚姻的矛盾，我發現這些個案有意願承諾參與深度自我探索的歷程。如同 Rogers，Yalom（1995）是眾所皆知與個案進行深度探索的愛戴者，同時也已經研究出心理治療團體成員最重視的是什麼。毫無疑問，他的個案非常重視在治療工作中深度的情緒討論。

如果你曾經見識過相信深度治療的大師級治療師，或者你已經在治療中與某些個案有相類似的感覺，那你們將會更明白那是什麼。當然，你們之中已經有些人與個案進行多年的深度治療。我很幸運能認識兩位大師級的治療師（Rick Carson 和 Bob Berg），他們與個案工作非常的深入，對我來說有很深遠的影響。

在我接觸沙盤之前，有五年的時間，我跟隨 Rick Carson 密集地接受完形治療的訓練。他是一位重視個案現象場的治療師，也知道如何帶領個案深入到自己所願意去的地方。有一短暫時間裡，在我個人的實務工作之中，我掙扎於如何與個案深入工作，特別是我希望能夠一同深入工作的個案。而在我參與完形治療的訓練團體中，團體剛開始的階段是令人害怕的，訓練團體與治療性團體在許多方面都很類似，我們六個人坐在舒服的椅子上，圍坐成緊密的小圓圈。但令我感到害怕的經驗是，當我參與訓練團體時，我對於完形治療的了解比在場的人都要少得多，而且有一些成員已經參與了一段時間了。

有時候 Rick 會現場示範完形治療，他會在團體中徵求自願者來擔任個案。我十分著迷他能夠快速地進入到個案內在的議題。而他也很有魅力，我們之中沒有人會介意去擔任個案的角色。當我們的角色轉換成治療師時，是個比較令人害怕的部分，我們會嘗試帶領個案深入到自我的覺察。但是當 Rick 擔任治療師的時候，他的回應總是輕而易舉。而當我們再換成治療師的角色，在簡短的療程之中，我們經常會卡在一個點上，而不知道

要做些什麼。儘管團體是可以允許向 Rick 或團員求救，但是與個案工作時
輕易地卡住還是很尷尬。當然，當我第一次參與這個團體時，我是團體中
最糟糕的治療師。每當我嘗試想要幫助個案時，就會有十二隻眼睛注視在
我身上，這是很難去調適的。我在團體中的表現比我與個案工作時還來得
不好，因為我實在是太自覺（大家都在看我）。這是會使人緊張不安的！

　　漸漸地，情況有所好轉。我想我大約花了一年的時間，才開始真正地
在團體中感到放鬆。我開始在自己的能力上發展出信心，能夠和個案進行
得更深入。現在我仍然會碰到困難點，但不會很常碰到。數個月過去了，
身為治療師的我開始發展出更多個人的治療風格。

　　在成為諮商員或治療師的過程中，你已發展出自己的治療風格或正在
發展中，**試圖成為別人是沒有幫助的**。在接受訓練的初期，你會運用從其
他治療師身上所學習到的許多東西。但是隨著你的成長，學習如何運用自
我來與個案工作是很重要的。事實上，在治療中運用自我，是新手治療師
與經驗豐富的資深治療師的分別。令人感到滿意的治療不是複雜的技術，
雖然技術是很重要的。**而令人感到滿意的治療是你將自己置身在與個案工
作之中，當資深的治療師和個案工作的時候，個案會接觸到治療師這個人
本身**。

　　在下個章節，我將會談論更多關於治療關係的部分，但是請容許我在
這兒做簡述。就如同我已經說過的，令人感到滿意的治療包含個案與治療
師之間深度的人際關係。我相信為了讓關係更具有深度的治療性，治療師
必須已在治療中處理自己的議題。治療師必須經驗過深度的痛苦與恐懼，
同時在治療中或是個人生命中去修通這些情感。為什麼治療師必須經驗過
這樣的痛苦呢？因為我不相信治療師與個案工作進行的深度，會多過治療
師自己在生活中已經處理完成的議題。在整本書中，你將會閱讀到我試著
對個案做的是：**個案在哪裡我就在那裡**，個案去哪裡我就去那裡，在旅程
中我陪伴著個案進入內在最恐懼的地方。我們都會在一定程度或其他程度
上，害怕關於自己本身的某種情緒、記憶和信念。我已經面對許多自我內
在的魔鬼，這是不容易的，但是我相信這有助於我與個案同在。

🍀 摘要

　　在本章，我的目標是描述本書的目的，以及本書和其他沙盤書籍的不同之處。我也嘗試簡短地描述人本取向在沙盤治療中的運用。我針對沙盤治療提供簡要的原理，同時分享一些我個人對令人感到滿意的治療之私見。我想要建議你在進入下一章之前，先觀賞 DVD 中的沙盤療程。

反思

✳ 實務工作者的反思

1. 你對於深度工作與短期取向的看法為何？

2. 你與個案工作時，能夠使個人本身參與治療的程度有多少？

3. 你在個人議題上已經處理多少了？

4. 你與自己的感覺貼近時，你感到舒適的程度如何？

5. 當你接觸到自己和其他人強烈的情緒時，你感到自在的程度有多少？

6. 對你來說，什麼是令人感到滿意的治療？

✳ 督導者／諮商教育者的反思

1. 對你來說，什麼是令人感到滿意的治療？

2. 督導如何能夠催化令人感到滿意的治療？

3. 何種督導方式最能夠催化治療師的成長？

4. 身為督導，你會多麼強調在個案或治療師身上？

5. 你會多麼強調受訓者與自己感覺貼近時的舒適性？

第 2 章

治療關係

在這世界上科技的創新在一片光彩與讚美之中發光發亮,而這一切似乎太過於簡單,以至於無法說明越基礎的事物是越重要的。

——*T. Skovholt*(*2001, p. 11*)

比起一個人因意識到他的成長所帶來的讚美、自發性的愉快或喜悅,或許少數幾件事情對另一個人來說是更加鼓勵人心,像是知道有一個人在關心自己。

——*M. Mayeroff*(*1990, p. 56*)

🍀 關係的建立需要時間

在這千禧年的時代,更快速似乎意味著是更好的,舉幾個例子來說,像是更快速的電腦、更快速的網路連結、即時通訊與文字通訊。在傳播界,有資訊即時的插播是更好的。而在企業界,生產力的測量有部分是透過效率和速度來計算。理所當然,照護管理(managed care)需要提供給

「病人」短期的治療。

　　將話題聚焦在「更快就是更好」的概念，我的目的不是要去辯論這趨勢的價值，而是要去挑戰這個價值在生命中的所有層面之應用。在個人的關係之中，更快不是更好，我們全都需要時間去處理我們的經驗。有意義的關係連結需要時間。被他人理解與接納；相信他人會在乎自己所說的話；除了享受在一起的時光，能夠和另外一個人不為任何目的地輕鬆相處，這所有的經驗都需要時間。

　　同樣地，我相信好的諮商關係一樣需要時間。然而，許多個案匆忙地前來接受治療，當中有些人甚至想要立刻進行治療。曾有幾個個案問我是否能夠在與他們通電話的當天就碰面，因為他們想要盡可能快速且不痛苦地解決問題。在第一次療程中，成人個案和父母親在告訴我他們的故事之後，通常會問我治療需要花費多久的時間。當時我的經驗尚淺，我確信我對那個問題的回應對他們來說是沒有幫助的。

　　當家長帶著他們的小孩來到我的面前接受遊戲治療，他們和我分享一長串迫切的問題。許多家長在來找我之前並不了解，我不會盡快地去處理問題。他們可能已經假設我會問出具有穿透力的問題，深入到他們五歲的時候。事實上，當許多家長聽我談論到建立關係和發展信任感，我很確定他們是感到失望的。為了回應解決兒童問題的外在壓力，Landreth（2002）強調重要的是治療師把兒童視為是一個人，而不是要去解決問題。雖然家長是為了孩子，而且心中帶有特定的目標來找治療師，我相信貿然地撲向問題，並想試圖去解決問題會誤導他們。然而，許多治療師並不同意這個信念。許多認知行為和焦點解決治療師所重視的短期信念取向，我能夠想像他們許多的個案都會很感激這些信念。我確信大部分的個案都很重視症狀的減輕是要越快越好，因為沒有人會想要待在痛苦中。

　　然而，我相信創造一種氛圍給個案是極有價值的，在當中他們可以慢慢來運用自己的時間、訴說自己的故事、感受自己的感覺，同時也可以去探索自我那迷人而又神祕的內在世界。有意義的關係不是源源不絕的供應。許多前來治療的個案沒有這種能夠讓他們去哀悼失落、在矛盾中掙

扎、對假設與自我限制的概念產生懷疑的關係。

🍀 關係的品質

　　從我的觀點來看，令人滿意的治療與關係有關。在任何治療的取向中，關係是最重要的因素，其重要性更甚於任何技術、知識或專業。後設分析諮商結果的研究已經顯示，不論諮商理論的取向或技術，治療關係與正向治療成效有高度的相關（Frank & Frank, 1991; Hansen, 2002）。廣泛的文獻回顧已經支持這些研究發現。Sexton 與 Whiston（1994）提到諮商關係的品質對個案的成效有極為重大的影響。同樣地，Bachelor 與 Horvath（1999）指出，「治療關係的品質在多種治療取向中，已經顯示出是有利於治療成效的重要決定因素。」（p. 133）

　　Rogers（1942）是最早強調關係的重要性，以及關係能夠影響個案的治療師之一。Rogers（1989）提到：

　　　　個體有他自己豐富的資源去自我了解、去改變他自己的自我概念、態度和自我指導的行為。而且這些資源只能透過一種定義性的氛圍來達成，那就是提供催化性的心理態度。（p. 135）

Bugenthal（1999）補充，令人滿意的心理治療是：

　　　　關於在生命中你所渴求的一切事物，以及你如何不經意地讓自己更努力地達成這些目標。在接受幫助之下進而看到，你所尋求的改變早已經在你的內心，並且去確認與欣賞永恆事物的閃亮，那就是你的核心。（p. 1）

🍀 核心條件

　　Rogers 接著描述提供催化性氛圍（facilitative climate）所需要的三個條件（1959, 1961, 1989）。這些常被提及的核心條件，分別是同理心、溫暖與真誠。Rogers（1989）提到真誠（一致）或真實是這三個核心條件之中最為重要的。Rogers 也強調「治療師自己在關係中越像自己，同時建立一個沒有專業架子或個人表象的氛圍，個案身處在積極的態度之中，其改變與成長的可能性就越大」（p. 135）。此外，Rogers 提到真誠的治療師：

　　　　是開放地感受隨時間而流動的感覺與想法。什麼是在本質層次中的經驗、什麼是當下的覺察與什麼是對個案的表達，在這三者之中有緊密的適配性或一致性。（p. 135）

　　沒有人會想要一位角色扮演的治療師。我認為我們都想要一個能夠信任，並且能和我們一起在路上同行的人。我發現真誠與一致是人們稍微罕見的特質。我不認識許多真誠的人。

　　Rogers（1989）曾說到：「同理性的了解是當治療師精準地感受到個案正在經驗的感覺與個人的意義，並傳達給個案接納性的了解。」（p. 136）Rogers 也提到最具有震撼力的同理是：治療師不只是澄清個案所覺察到的意義，還要覺察層面以下的東西。

　　Rogers（1989）視溫暖、接納或無條件的積極關注，是促進成長與改變的氛圍所不可或缺的第三個條件。這種態度傳達出，不論個案在治療過程中每一刻的感受是什麼，個案都是被接納的。當治療師能夠全然地接納個案，成長與改變就更可能發生。

　　Rogers（1989）說這些條件也適用於治療之外的關係，像是親子關係與師生關係。有一些接受訓練的諮商員比起其他諮商員更加同理和溫暖，

而且通常和訓練無關連。有些接受訓練將成為治療師的人似乎擁有這些特質，而且他們擁有這些特質是早在任何諮商的訓練之前。我們都曾遇過不是諮商員，但卻相當同理和溫暖的人。當我在訓練課程中遇見同理和溫暖的諮商員，或者不是諮商員卻有這些特質的人，我喜歡在他們身邊，因為被同理和溫暖的人所圍繞是很美好的感覺。

Rogers（1989）也提到，個案也一樣需要去經驗這些核心條件。換言之，如果治療師在治療關係中是同理、溫暖與真誠，個案將能夠成長和改變，除非有些事情造成個案無法接受這些條件。假若個案很難相信任何人，由於個案在他的生命中曾受到傷害和虐待，因此他不再真正相信任何人。這類型的個案將會難以接受同理、溫暖而又真誠的治療師，因為個案已經發展出一道防禦堅固的保護層，且會阻擋掉任何來自別人真誠的關懷。因此，這類型的個案將會需要較多的時間來成長和改變，因為個案不容易接受這些核心條件。

我必須一再強調這些核心條件的重要性，我不相信任何人在不被接納的環境之下，能夠輕易地茁壯成長，我們都想要被理解和被接納。和一個懂我的人在一起，對我來說是多麼的輕鬆。而我似乎常有相反的經驗，如果其他人不是真誠的，我不知道該如何去信任他人。

在本書中花費相當多的篇幅來說明，在沙盤治療中用來催化覺察的介入策略和技術，但是若沒有健康的治療關係、沒有接納和同理的氛圍、沒有治療師本身的真誠，書中所有技術和介入策略的價值將大打折扣。我們所有人都需要感受到安全感來做我們自己。在我們要揭露個人的故事之前，我們需要對他人感到一定程度的安全感與信任感。事實上，如果向一個不值得信任的人，揭露關於個人隱私的事物，揭露者通常會感到後悔。

靈性、意義與成長

包括治療師在內，許多人都會經驗與他人的關係是生命中最有意義的

一部分。而發現生命中的意義能夠催化個案成長，並帶給個案希望。如果個案相信他們苦難的生命經驗有其意義存在、相信他們的生命有其目的性、相信他們並不是沒有舵的船隻，在惡劣的海象中隨風飄搖，於是他們更能夠禁得起在未來生命中可能遭遇到的挑戰。

Myers 與 Williard（2003）主張靈性（spirituality）和意義、成長以及關係有所關連。他們將靈性定義為「全人類與生俱來的禮物，是一種能力與傾向能夠發現與建構生命和存在的意義，同時朝向個人成長、責任感以及與他人的關係邁進」（p. 149）。Myers 和 Williard 提到靈性經驗是指：「個體生命中能夠創造出新意義和促進個人成長的經驗或歷程，並透過超越先前的參考架構與危機轉變的能力來加以顯現。」（p. 149）此外，Myers 和 Williard 也指出他們所定義的靈性非常廣泛，包括宗教的信仰和世俗的意識型態。

許多個案帶著他們對於生命意義的問題和疑惑前來接受治療。有些個案的宗教信仰阻礙了他們成長的過程，然有些個案的宗教信仰反而促進心理上的成長與改變。對有些個案來說，宗教信仰是罪惡感的來源。而挑戰個案罪惡感的來源，對治療師來說是很吸引人的，治療師最重要的是能夠與個案同在，即使治療師認為個案的信念阻礙他們成長。

有時候個案會有相反的議題，亦即他們的生命經驗缺乏意義。幾年前，我有一個個案對於任何事情都難以信任，包括人在內。她在生活中很難找到意義的原因，是因為她非常難以與他人建立有意義的關係。因為過去的生命經驗讓她難以去信任他人，同時也難以卸下防備與人親近。

諮商靈性、倫理與宗教價值觀協會（ASERVIC）已經對諮商員在靈性部分的能力提出建議，包括治療師要有能力描述自身的靈性信念系統、確認生命經驗如何形塑靈性信念，以及確認靈性對他們自己的成長與心理健康有怎麼樣的貢獻（Summit on Spirituality, 1997）。考量前來接受治療的個案在意義與靈性面有所疑惑，治療師需要對這些話題感到自在，同時也要回應個案的疑惑與擔心。不論個案在哪裡，人本取向治療師都努力和個案接觸，同時了解個案的內在世界，包括個案的信念與價值觀。

🍀 人本取向沙盤治療

在沙盤治療之中，個案透過沙盤中的景象揭露他們的內在世界，而治療師則試圖透過口語互動來拓展個案的經驗。人本取向強調關係的重要性，也相信核心條件的重要。

在先前的章節中，我提到我所努力做的一件事情就是**與個案同在**。我要一再強調這個觀念是多麼的重要！換個方式來說，就是我想要接觸個案內在的主觀經驗，並與其同步（Hansen, 2005）。

本書的取向與其他沙盤治療取向最大的差異在於**如何催化覺察和改變**。你將會注意到（如果你還沒有準備好）在本書中我重複地談論到覺察，這是因為我相信，要是沒有覺察的話，改變是不太可能發生。在第二部分中，我會詳細說明在 DVD 中所運用的介入與技術，這些介入和技術是運用來促進覺察、催化深度的探索、增進對於兩極的覺察，以及回應抗拒。

如果你是個人中心取向，像許多國內的遊戲治療師一樣，當你閱讀這本書時，你會看到書中的人本取向沙盤治療與 DVD 中的個人中心取向有些差異，而我會說明這些差異。在沙盤治療中，我所做的每一件事情都取決於關係。

事實上，我建議一直到你與個案建立起信任和安全的關係之後，才讓個案接受沙盤治療。你可以運用許多較少震撼力的表達性藝術活動，如此對個案所造成的威脅也會較少（Bratton & Ferebee, 1999）。如果你未曾見過完形技術的示範或是將這些技術運用在自己的身上，也許你會需要一些時間去慢慢習慣。

在 DVD 的療程中，一旦療程開始進行，我會努力地與個案同在。在片段 12 是個案描述較多的部分，她談論沙盤景象所帶給她的意象，而沙盤景象是在描述她兒子的自殺。此一片段是療程真正開展的地方。個案描述

到當她聚焦在兒子的自殺時,她經驗到痛苦與萬分的傷痛,我並沒有努力要用任何的方式去讓她安心或是將她帶離這段經驗。我只是努力地**與她同在**。

信任感

你在 DVD 中沒辦法看到的是在沙盤治療之前,我和個案已經進行了許多療程。在 DVD 中的療程之前,個案與我已經一同經歷她生命旅程中許多的曲折與轉變。在我們花費長期的時間來處理她所遭遇到的其他挑戰與困難,之後她的兒子自殺身亡了。就如同我曾說過的,我不運用沙盤和個案工作,除非個案與我建立了深厚的信任感。如果個案很信任我,他可能會準備好去擁有一段深度的沙盤經驗。個案前來找我接受治療,並長時間的投入也對我產生信任。他們知道我接納他們、我不是在演出一個動作或扮演一個角色,而且我不害怕他們最深層、最黑暗的恐懼和祕密。

我作為一位諮商員和治療師已經超過三十年了。當你是新手的諮商員/治療師,你必須捨棄掉自己許多與他人連結但不是治療性的模式;但是當你是有經驗的治療師,我認為在關係中做自己是非常重要的因素。真誠或者真實是核心條件之一,有經驗的治療師比起新手治療師似乎更容易去經驗與表達這核心條件。真誠地與個案在一起對我來說非常的重要,而我也知道除非我能夠真誠地與他們同在,否則他們是不會信任我的。我喜歡這樣子說,當我的個案信任我時,她會讓我引導她投入幾個經驗式的活動、嘗試新的事物、給予我充分的自由,讓我有時能夠殘忍地真誠(意即:殘酷地說真話)。這個個案知道我在乎她,也讓她感到安全,同時個案也深度地了解我。在一段信任關係之中會有一些好的預測性。

舉例來說,在大多數情況下,我知道我太太會如何回應我告訴她的大多數事情。我時常會想像她可能會如何回應某件事,而那件事情是我考慮要告訴她的,而且通常她的回應是相當接近我所想像的。對我來說,相同的狀況也會真實地發生在治療中。當個案坦白一些事情,她認為那是非常

羞恥的事情而我接納她，相較於其他人，她開始將我視為是個有不同程度信任的人。如果個案在諮商關係外有其他的人際關係也是相似，那麼很明顯這個信任的程度是更容易的。

　　然而，即使個案有一些深厚且具有意義的關係，而這關係的特點是深度的信任。但是許多個案沒有這種關係，我發現我所提供的事物就是這些其他的關係中所缺乏的，像是真誠的回饋、無條件的接納（我盡可能地做到）、還有願意陪伴個案一起進入她最深層、最黑暗的感覺深處之中。當她面對內在最深層的恐懼、最痛苦和不堪的經驗與感覺，以及部分她所痛恨和否認的自己時，我會與她同在。此外，當個案經驗到她最痛苦的失落，我也與她同在，就如同個案在影片中所呈現的。對我來說，我們一起走過的這趟旅程是無價的。

碰觸

　　碰觸個案對治療師而言，是一個有些爭議的話題。有些治療師會碰觸他們的個案，有些則不會。在影片中，你將會注意到我有少數幾次碰觸個案，我碰觸她的方式就是如同一般我會如何和其他個案進行的方式。我向前移動更接近個案，然後將我的手放在她的肩膀上。一般來說，當個案經驗到一些傷痛的事物而哭泣，我就會對個案這麼做。過去二十年來，個案對於運用這樣碰觸的回應是正向的。就如我在整本書中所說的，我很努力地展現出我與個案們同在，而碰觸是一種展現的方式。就如我曾提到的，我很了解影片中的個案狀態，同時我也知道她對我有很深度的信任感。

　　運用碰觸在個案身上也有例外，大約在十五年前，我與一位女性個案以及她的先生碰面。個案在孩提時曾遭受到性虐待。在我們的一次療程之中，她再次經驗到一些來自於幼年虐待的痛苦，然後她放聲大哭。她的先生就坐在她的旁邊，而我用手碰觸她的肩膀。她立刻將肩膀從我手中移開，而且看起來非常的驚恐。幾分鐘後，我們處理剛才的片刻，她說當她感覺到那些感覺，她不想要有任何人碰觸她，包括她的先生在內。我想在

這個療程之中，顯露出我對遭受性虐待的成年倖存者的不熟悉。回過頭來看，在碰觸她之前，我應該要與她討論這個議題。現在就當作是一個經驗的學習，如果個案有遭受性虐待的背景，這就是我會處理的部分。

在我與成人的工作中，那是唯一我的碰觸沒有獲得好的接受的案例，但是我很確定那是取決於治療師所服務的族群。在大多數的情況下，我不接案曾經住院治療的個案，而我能夠想像治療師在與狀態較不穩定且較為嚴重的個案工作時，在碰觸的運用上會更為謹慎。

🍀 DVD 中的治療關係

現在讓我們談談在 DVD 療程中的治療關係。你看到影片中個案對我有很深厚的信任感可能會很明顯或不是很明顯。就如同我稍早所提到的，在她的兒子自殺之前，她已經來找我治療了一段很長的時間。她感受到全然的接納，同時對我也有足夠的信任去進行深度的工作，而我也很深切地關心她。有時候她會讓她的先生陪同她一起處理他們的關係，但是她才是最主要的工作焦點。如果她對我沒有如此深厚的信任，我會嚴重地懷疑她是否能夠做到在影片中那樣的成果。在諮商關係中，安全感與信任感是必需的，然而當你邀請個案更深入自己的感覺時更是需要。

在沙盤治療歷程的討論中，Homeyer 與 Sweeney（1998）建議：「持續討論沙盤中的隱喻或故事，這提供了必要的距離，可能是個案需要的，為的是能夠修通自己的議題。這就是沙盤治療獨特的力量。」（p. 74）然而，Homeyer 與 Sweeney 也提到，停留在隱喻的指引是有例外的。「停留在沙盤中隱喻的例外，是當個案開始連結沙盤景象中的元素和他自己的生活狀態。」（p. 75）

影片中的個案直接開始連結她挑選在沙盤景象中的象徵與她的生活。當她開始訴說沙盤的景象，她說道：「我在河中的一條船上，我是那種盲目樂觀的人，因為我感覺我好像不知道諾亞發生了什麼事情，也錯過了一

些事物。」在整個療程之中，沙盤人物和她生活的連結是相當常見的。

　　我所見過大部分沙盤的成人個案，都很容易用同樣的方式將沙盤人物連結到他們的生活，就像在 DVD 中個案所做的。物件能夠捕捉到關於他們生活的一些事物，同時當他們看著自己所創作的景象，他們總是能夠看到他們生活中所忽略或是低估的重要議題。

🍀 摘要

　　令人滿意的治療在於關係。已經有大量的研究顯示出不論何種理論取向，關係對於改變的影響大過於其他的因素。核心條件是人本取向沙盤治療的中心。雖然影片中會示範催化性的介入，也會在後續的章節中詳述，但是若缺少有品質的治療關係，介入與技術的價值是有限的。

✳ 實務工作者的反思

1. 你與個案在治療關係的初期，你會多強調核心條件的重要性？

2. 你會錄製你的療程嗎？如果有，你從你與個案的關係之中學習到什麼？

3. 你通常多久會嘗試帶著個案從 A 點前進到 B 點？當你這樣做的時候，你經驗到個案的抗拒程度有多少？

✳ 督導者／諮商教育者的反思

1. 許多諮商員教育的課程傾向強調技術多過於核心條件。在你的課程或督導之中，什麼是你所強調的？

2. 你的受督者或學生有被教導要與個案同在嗎？

3. 關於碰觸個案的議題，你會教導你的受督者／受訓者什麼內容？

第 3 章
人本取向治療師

　　兔子問：「什麼是真實？是指有東西在你體內嗡嗡作響，而且還有根突出的把手嗎？」真皮馬說：「真實並非你如何被製造出來的，真實是發生在你身上的事情。當有一個小朋友愛你很長很長一段時間，不只是和你玩而已，而是真正的喜愛你，那麼你就是真實。」兔子問：「會受傷嗎？」真皮馬說：「有時候會。不過當你是真實的時候，你就不會在意受到傷害……一般來說，等到你是真實的時候，你的毛髮大部分都已經掉落，你的眼睛也脫落了，同時在你接縫的地方會變鬆脫和破爛。」

——M. Williams（1983, pp. 4-5）

　　身為一位團體領導者或治療師，當我在狀態最好的時候，我發現到另外一個重要的特點，那就是當我最靠近我內在直覺的自我，當我不知怎麼的就和未知的自己接觸，當我可能在關係中處於意識輕微改變的狀態，接著我所做的任何事情都非常具有療效，於是我的存在就是一種釋放和幫助。

——C. Rogers（1989, p. 137）

🍀 真誠或真實

　　在絨毛兔故事中的真皮馬已經扮演了一位好的人本取向治療師。他真實、聰明，而且他曾被困擾所圍繞。他沒有告訴兔子任何兔子所想要聽的話或努力去讓兔子安心；他也沒有告訴兔子說，如果他相信自己就是真的兔子，那麼他將會變成真的兔子。如果你曾經讀過絨毛兔的故事，你會知道兔子尚未變成真的，而真皮馬去告訴兔子他是真的，是沒有幫助的。兔子的個人旅程還在開始的階段。許多個案和一些治療師也在他們通往真實的旅程中走得不夠遠。透過此一說明，我不是指這些個案或治療師不能變得真實，而只是他們尚未到達。年輕的治療師在這裡是較為不利的，如果你是年輕的治療師，我不是說你不能夠變得真實，但這卻是困難的，因為個案可能會懷疑你是否有足夠的生命經驗。對治療師來說，生命經驗是個人與專業成長中發展過程的一部分。實際上，理所當然地，真實是連續的，身為治療師但願我們都正在通往真實的道路上。

　　當真皮馬說真實是有事情發生在你身上，我同意他的說法。雖然我們每一個人在幼兒的時候都曾是真實的，而西方文化似乎鼓勵我們往相反的方向前進，使我們受到許多的影響。我將不會去深究那些影響，但是我要說的是，真實地與人互動是不容易的。許多人不想要從他人身上感受到真實，而我們大多數都不知道如何能夠變得真實。這需要努力，也需要時間。

　　當真皮馬說愛讓我們變得真實，他說的也是正確的。如果治療師未曾被他人愛過，治療師有可能在面對個案時，全然地存在和真實嗎？我想是不會的。我想要在真皮馬變得真實的過程之中，多補充兩個生命經驗：苦難與失落。如果有理想抱負的人本治療師未曾經驗一些苦難和失落，而必須去修通他們成人生活中所隨之而來的情緒感受；如果他們未曾面對成年階段的個人危機，或必須作出困難的決定，他們將難以和遭受過極大苦難

的個案能夠有所連結。

　　真皮馬也說到當你是真實的，你就不會在意受到傷害。我無法完全確定他那句話的意思，但是我相信曾致力於個人與專業成長過程中的治療師，在面對個案對他們生氣時，他們是能夠處在一個較好的位置上而不受到傷害。此外，根據 Ronnestad 與 Skovholt（2003）指出，越成熟的治療師越能夠修通個人與專業的痛苦和沮喪。

　　就如同 Rogers（1989）所說的，變得真實是一位有效能的治療師最為重要的特質，而我相信這也是人本治療師最重要的特質。在最後的章節，我會討論到我所認識的有多少人是真實的這個議題。在大學裡很難變得真實，因為教授們必須是要符合政策上的準則，而學生們必須去留意他們所說的話。在一個公開的地區或其他地方，我們全都必須要認知到我們說了什麼，以及我們怎麼說。對他人感覺的敏銳是一件好事，但是當有越多政策上的考量，我們就變得越少真實。除此之外，環境的因素迫使我們無法變得真實，即便是治療室中也有內在的因素限制著我們。

🍀 趨避衝突

　　我相信內在的**害怕**是阻止我們變得真實的主要因素。事實上，根據Kagan 與 Kagan（1997）指出，人們在孩童時期學習到的害怕會傾向持續到成人時期。Kagan 與 Kagan 提到，人們害怕會受到傷害或傷害到他人，同時也害怕自己被吞噬或吞噬掉他人。大部分我們的害怕是很模糊的，而且似乎是非理性的。

　　雖然我們害怕人們，但是我們也需要人們。根據 Kagan 與 Kagan（1997）指出，這種趨避衝突是大多數人們互動的特性。「在與他人簡單又直接的親密接觸時，人們會同時出現趨近和躲避的狀況。這種趨避症狀似乎是循環的過程：親密是接續在與其相對的孤獨之後，而孤獨是接續在新的親密之後。」（p. 298）對於這種趨避衝突，人們會建立其獨特的心理

上的安全距離。人們會傾向於找到他們能感到稍微親密與安全的距離（Kagan & Kagan）。

趨避衝突的另一個證明就是人們傳送與接受訊息的方式。大多數所傳達的事物都不被傳送者或接受者意識到，「當人們互動時，他們彼此會知覺到許多層次的訊息，但是他們只會說明或意識到一部分自己所傳送或接受到的訊息。」（Kagan & Kagan, 1997, p. 299）

Kagan 與 Kagan（1997）運用接下來的例子說明我們是如何社會化的忽略某一層面的溝通訊息。

> 有一位外交官，他是一位紳士，他在另外一位紳士（也是外交官）面前說謊，第二位紳士也被迫表現出他真的相信第一位紳士所說的話，儘管他知道第一位紳士在說謊，而第一位紳士也知道第二位紳士其實不相信自己。雙方都流露出對對方的信任，同時雙方都知道對方是在說謊。（p. 299）

人們都傾向婉轉地表現（Kagan, 1980），儘管他們有驚人的能力去看見或聽見話中意義與弦外之音，但是也傾向於意識我們所覺察到訊息中的一小部分。Kagan 與 Kagan（1997）強調，人們不願意誠實地承認訊息是因為不願意與他人太過親近。

Kagan 與 Kagan（1997）提及，在接受訓練的治療師也有相同的傾向，他們不會去注意從個案身上感覺到或真正看到與聽到的每一件事物。這種忽略的傾向或許能夠解釋：為什麼治療師也傾向投注許多注意力在諮商內容上，而投注較少注意力在諮商歷程與此時此刻，因為這是更為安全與熟悉的。

因此，如果 Kagan 與 Kagan（1997）是正確的，這種對於親密的害怕將會影響到治療關係。如果個案與治療師共同經驗到害怕這股暗流，這種害怕將會是治療關係中的另一個障礙，而且是需要去克服的。很顯然，人本治療師所經驗到對於親密的害怕越少，那麼治療師將能夠有更多的接納

和開放去了解個案，並與其連結。

🍀 治療師的發展

　　然而就如同 Rogers 在本章開頭時所描述的，要能與個案有一定程度的連結顯然是需要花費相當長的時間。事實上，我們之中有些治療師可能從來沒有達到這樣的程度。而 Rogers 描述他的與個案同在具有療效，啟發了我想要用這種形式來碰觸個案。不論你是研究生、新手或是有經驗的實務工作者，**成為有效能的人本治療師是一個發展的歷程**。個人與專業成長的歷程，不僅需要時間，也要有意願予以承諾，並且秉持著開放的態度來面對。在本章後面的部分，我將會描述成長的歷程。當我描述這段過程，我大部分會聚焦在成為人本治療師，而不是沙盤治療。在下一個章節，我將會回過頭來聚焦在沙盤治療，同時在本書的第二部分則大多聚焦在我運用在沙盤中的催化性反應。

　　Ronnestad 與 Skovholt（2003）描述治療師發展的階段，治療師會經歷一開始的學生階段到進階的專業階段（詳見第 10 章的描述）。他們也描述治療師在每個階段的特性，接著幫助他們持續地發展下去，而非在此停滯不前。如果你閱讀過關於 Carl Rogers（1989）身為治療師發展的描述，你會知道他描述自己的發展是一段相當長的歷程，而且過程中受到許多人和經驗的影響。

　　Skovholt 與 Ronnestad（2001）將從新手治療師到有經驗治療師的發展歷程比喻為 Lewis 與 Clark 橫跨美國境內的遠征考察。對探險家來說，有時候事情會進展得很順利，但是在其他的時間點卻又變得危險又難以預料。治療師在專業發展上會遭遇到類似冗長、緩慢而又難以掌握的道路。

　　Skovholt 與 Ronnestad（2001）提及治療師的成長與個案一樣深受到關係的影響。「資深的專業工作者對於新手職業領域中的協助、教導和療癒是非常的重要。」（p. 33）在他們的研究之中，他們訪談一百位從碩一生

到畢業四十年的治療師，Skovholt 與 Ronnestad（1992）發現比起研究或理論的影響，他們受到個案、同事以及資深工作者的影響更為強烈。

🍀 人格特質

隨著人本治療師在個人與專業層面的成長，什麼樣的人格特質是他們所需要培養的呢？我已經討論過變得真實的歷程與重要性，Kagan 與 Kagan（1997）強調，治療師需要學習去注意從內在或從個案身上所看到或是聽到的事物。這兩項特質非常的重要，就是**變得真實**與**覺察**。事實上，如果治療師沒有覺察到個案的狀態，治療師又如何能夠真正的同理個案呢？身為治療師，覺察自己與個案發生了什麼事是最為重要的。但是有效能的人本治療師同樣也需要發展其他的人格特質。在 Landreth 討論兒童中心遊戲治療師的個人特質中，Landreth（2002）說道：「治療師如何去感覺兒童比起治療師知道兒童的一切更為重要。」（p. 99）Landreth 也提到，遊戲治療師要能夠「彈性地接受與適應非預期的事物，並抱持著樂於接納的態度去接受新的事物」（p. 99）。

此外，Landreth（2002）強調**全然存在地**陪伴著兒童，並創造讓兒童感受到自由與接納的氛圍之重要性。Landreth 主張「同在的陪伴是一種真正的藝術」（p. 98）。全然存在的概念是相當簡單明瞭的，但卻很難在實務中做到。就一定程度或其他程度而言，我們每個人都傾向於離開當下的片刻。在本章的前面部分，我討論了這種傾向的一些原因。就我個人來說，我很容易進入到我的幻想世界中。其他治療師可能會很容易想太多，而有的治療師可能會對某種感覺或強烈的感覺感到不舒服。

Landreth（2002）也將能夠高度地**容忍模糊狀態**，列舉在他認為遊戲治療師所擁有重要特質的清單之中。他也說道：「兒童在哪裡，就在那裡與兒童相遇」，這對遊戲治療師來說是重要的（p. 99）。根據 Landreth 的描述，「容易受到兒童的經驗與感覺，而在情緒上深受影響和感動」（p.

100-101），對遊戲治療師來說是重要的。Landreth 也提到，遊戲治療師需要擁有個人的勇氣與開放，讓治療師能夠去處理面質，並且接納個人的限制，而沒有能力不足的感受。

當我反思 Landreth 清單上那些有效能遊戲治療師所需具備的個人特質，我相信他提到的所有特質對從事沙盤治療的人本取向治療師來說，也是一樣的重要。全然地存在是很重要的事情，在本書中將會持續進行討論。現在先暫停一會兒來思考這個問題：「就你此時的發展狀態，你能與個案全然同在的能力如何呢？」我們大部分的人都需要花費相當多的時間來發展這個能力。願意呈現我們的脆弱，允許個案能夠帶給我們一些影響，這也需要勇氣並同時能相信個案。我相信在療程之中，治療師脆弱的程度應該與關係之中相互信任的程度是成正比的。

另外一個人本治療師所需要培養的人格特質是接納。對我來說，接納某些個案比起接納其他的個案是更容易的。如果我對於接納個案是有困難的，通常不會是因為我們在一些明顯的層面上有所差異，像是性別或者種族，而是在個人的層面上。有時候個案沒有意願去感受或是自我揭露，對我來說，要接納這類型的個案會顯得有些困難。但我認為比起過去，我現在更能夠接納這類型的個案，雖然有時候還是會很困難。通常我不會對這類型的個案運用沙盤，除非我認為沙盤能夠幫助個案突破現階段的僵局。

在最後一章，我討論到同理的重要性，而學習能夠更加同理他人是人本治療師所要培養的必備特質。在沙盤中的景象是個案內在世界的圖像，給予治療師機會去看到個案內在世界的樣子。人本治療師要成為一個能夠在**當下**了解個案的察覺、感覺和意義的人，對人本治療師來說是非常重要的。當個案在訴說她創作的景象時，言詞是重要的，而她在當下的經驗則更加重要。Bugenthal（1999）提到：「治療師需要去聽到『音樂』多過於歌詞。」（p. 20）

Landreth 談論到彈性，在此我想要強調彈性的層面。當你運用沙盤與個案進行工作時，放掉你預定進行的議程是非常重要的。我告訴我的受督者：「**丟掉你預定進行的議程。**」舉例來說，如果你相信個案全然地經驗

她的感覺對她來說是具有治療性的，去想著她那些感覺需要多經驗些是誘人的。

過去在我經驗不足時，我曾經掉進這個陷阱裡面好多次。我注意到當個案停止去感受她的感覺，而我卻還想要「幫助」她修通這些感覺。但問題就在於**我**想要修通個案感覺是多過於**個案自己**所做的。在第 8 章，我將會更詳細地討論當個案停下來時，我們能夠做些什麼。

另一個人本取向沙盤治療師的重要特質是直覺。在本章開頭我引用 Rogers（1989）所描述的經驗，「當我最靠近我內在直覺的自我」（p. 137）。Rogers 說當他與自己的直覺部分有所接觸，他就有非常高的治療效能。雖然我不是 Rogers 那種層級的治療師，但是我也要陳述同樣的事情。當我與自我的直覺部分有所接觸，而且我能夠在治療中運用直覺的自我時，我是最具有治療效能的。有些治療師稱此為「相信你的直覺」，其他的治療師則稱呼它「順勢而為」。我深信人本治療師需要去和他們直覺的部分接觸，以便能夠有更高的治療效能（Kottler & Brew, 2003）。學習如何與直覺接觸是不容易的，因為我們大多數都已經習慣忽略我們的直覺。我們之中有一些人很幸運成長在支持或鼓勵直覺發展的家庭中，然而其他的人則成長在不允許直覺發展的家庭中。在美國，男孩成長的過程中，比起女孩，似乎較少被鼓勵去傾聽與相信自己的直覺部分。

自我覺察與自我了解也是有效能的沙盤治療師所必備的特質，但是治療師會發現若是沒有自我接納的話，這些特質會讓人感到不安。自我覺察並不總是意味著注意自己負面的事物，就像注意到你不喜歡的個案一樣。自我覺察有時候可能只是你注意到當下的感覺或渴望。但是覺察你個人的議題如何影響你的工作，通常會涉及覺察到你不喜歡自己的部分。對於覺察的增加，最初的反應通常會是焦慮的。可能你會覺察到一個希望自己不要去做的習慣，或者是一個你努力想要去改變的偏見，但目前卻仍然維持著。我已經提過督導的重要性，而且我相信督導在自我覺察的發展層面上會有非常大的幫助，這也是人本取向沙盤所必需的。再者，好的督導會將受督者的經驗一般化，並幫助他自我接納。

當我在教授督導課程時，在我課堂的博士生通常會對下面這個議題感到掙扎：身為一位新手督導者，他們會覺察到自身的不足，並對此有些批評與不耐煩的感受。我向他們強調覺察自己弱點的重要性，並且用接納的態度來面對。同樣的態度也適用在具有理想的人本治療師身上。**如果你批判著自己，這將會阻礙你個人與專業上的成長**。讓我再次強調，如果你批判著自己，這將會阻礙你個人與專業上的成長。自我覺察與自我批評不必然是一起的。

Carson（2003）提到，對於注意自身負面事物最好的回應就是僅是留意到它們的存在。聽起來或許很簡單，但實際上並不容易。許多人很難在注意到自己負面的事物時能夠不自我批評。Carson 建議你只要注意或專注於對自身的觀察，就像是你很專注的看一部好電影。「**簡單而輕鬆的看待**就不會被誇大。**輕鬆的看待**和預測未來、摧毀過去、聰明地分析或了解任何事物無關。」（p. 7）對在此時此刻中工作的治療師而言，擁有**客觀地觀察**自己的能力是一項有用的技術。治療師的覺察不會是胡亂的自我批評與責備。

🍀 治療師發展過程中的挑戰

發展成為一位治療師不會是平順的過程。事實上，對每一個人來說，任何形式的心理成長都不會是平順的過程。發展意味著改變，同時也離開熟悉的地方。一般來說，我們並不喜歡這樣。當研究生離開了諮商員的培訓課程，他們將會面臨到許多挑戰和阻礙。作為一位治療師會面臨到情緒上和生理上的消耗。治療師不僅是在工作中要大量地付出自己，同時在工作之外的人際關係中，許多治療師所付出的是多過於所接受的。研究所課程會教導接受訓練中的諮商員如何照顧他人，但自我照顧通常卻不是最重要的課程。遺憾的是，一旦學生從培訓的課程畢業，他們可能沒有準備好要去因應即將遭遇到的挑戰（Skovholt, 2001）。

治療師會遭遇到一些來自個案的挑戰，而要去處理個案的抗拒、無望、絕望與敵意。此外，許多個案**想要**改變，但是他們還沒有**準備好**要去改變（Prochaska, DiClemente, & Norcross, 1992; Skovholt, 2001）。除了個案的議題之外，治療師還需要處理文書工作與行政作業，以及「要能夠預見健康照護環境中的最新改變將會如何影響到他們」（Kramen-Kahn & Hansen, 1998, p. 130）。Kramen-Kahn 與 Hansen 將處理這些事物的起伏變化比喻作「在激流中泛舟，有時候令人振奮，其他時候則是令人害怕——而要能倖存是與做出適當的反應並具備河流的相關知識有所關聯」（p. 130）。

🍀 照顧循環的處理

Skovholt（2001）強調治療師所遭遇到的問題之一就是過度照顧個案。Skovholt 提到許多治療師感受到個案情緒上的痛苦到達一定的程度，治療師可能會被個案的痛苦所吞噬。新手實務工作者特別容易被個案的困難與感覺所淹沒。根據 Skovholt 的說法，對治療師而言，發展與個案形成**理想**（optimal）依附的能力是很重要的。理想層次的依附對治療師而言，可以說是涉入個案情緒的同時，又能維持自我與一些情緒的距離。過度涉入個案的情緒對新手治療師而言是一種趨勢，對此新手治療師要特別注意和管理。

治療師除了處理他們與個案的依附關係之外，還會面臨到 Skovholt（2001）所說的照顧循環的挑戰。這個循環包含三個歷程：同理依附、主動涉入與感受分離。治療師伴隨著每個個案會經歷到這些歷程的假設，也就是治療關係繼續下去會進入到主動涉入的階段。當治療師與個案開始談論到結案，將會經驗到分離與失落。這個循環會一再地重複再重複。Skovholt 說到一些治療師特別擅長於處理依附與涉入的階段，但卻不善於處理分離與失落部分的循環。

　　回到我個人的層面，我注意到自己有時候會在分離與失落部分的循環之中掙扎。如果我看到個案在治療的過程中有相當大的成長與改變，我更容易和個案有較深的依附。當接近治療的結束，個案與我開始進入結案的歷程。對於個案和我來說放手都是困難的，我注意到在關係中來回徘徊是有些悲傷的。而我也注意到我在督導中有相類似的經驗。我與受督者依附得越深，分離的歷程也就越困難。

🍀 壓力

　　身為一位治療師是很有壓力的，在治療師個人問題的研究之中，Mahoney（1997）發現，研究參與者（45%）提出最常見的問題是情緒上的疲累與耗竭。同時，有很高百分比的研究參與者（42%）也提出睡眠相關的問題。Skovholt（2001）在分離的研究中發現，新手實務工作者經驗到許多的壓力源而導致痛苦。「治療師在了解實務場域中的獨特狀況是不同於學校的訓練模式之後，通常是能夠勝任的，然而學生與新手實務工作者則是會為這痛苦的現實環境尋找解釋的答案。」（p. 58）Skovholt 提到，新手實務工作者會經驗到自己的不適任，進而會傾向於聚焦在「訓練課程的不足」（p. 58）。

　　焦慮是許多新手實務工作者都會經驗到的相關議題（Skovholt, 2001）。如果治療師在高度重視評價的環境中工作，表現焦慮會隨之升高。低度到中度的焦慮能夠有助提升治療師的表現，但是高度的焦慮會影響治療師的表現。如果高度焦慮的狀況持續，實務工作者將難以成長與發展。害怕會阻礙實務工作者的成長。

　　到目前為止，這麼多年來我已經教導或督導許多碩士或博士層級的受督者，這些治療師可能是正在準備考取證照或遊戲治療師認證。我的許多受督者都經驗到非常高壓的情況與困難的個案。當他們前來接受督導時，我希望他們能夠感受到自己的真誠與開放。我將會在第 10 章（督導）中討

論，治療師需要支持和鼓勵，他們也需要真誠的回饋、顧問的指導與專業的知能。從受督者們的回饋得知，他們會感受到督導好像是一個能夠讓他們真誠地面對自己的挫折感，以及重視他們從督導中獲得自我覺察的地方。

當新手實務工作者遭遇到難以預料以及頗具壓力的議題時，若未能從同儕和督導者身上獲得適當的支持，他們通常會尋找良師益友來幫助他們（Skovholt, 2001）。沒有經驗的實務工作者可能會對於倫理和法律的議題感到困惑，因為這些議題聚焦在自我保護是相當不同於實務工作者最主要聚焦的議題：照顧個案。新手實務工作者也必須考量到除了個案以外其他人的福祉，像是會因個案生氣而受到影響的潛在受害者，這也使得這個倫理議題的衝突更加的複雜。若有能力處理倫理與法律上的問題，也增添了新手實務工作者另外的挑戰，因為他們得要花費心力去處理這些事情（Skovholt）。

🍀 實務上的危險狀況

Skovholt（2001）發現到治療師與個案工作時，在實務上會有一些危險狀況。Skovholt 所列舉的狀況包括：

- 個案帶著動機性的衝突前來治療，例如被他人逼迫而接受治療。
- 個案準備好要改變與治療師希望個案的改變不成比例。
- 治療師沒辦法拒絕個案。
- 個案被壓力所環繞，其情緒會帶給治療師負面的影響。
- 單向的關懷。治療師大部分的時間都傾向是給予的角色，但卻並沒有得到他們所需要的事物。
- 難以判斷個案的成功與否。

Skovholt 所列舉的是很發人深省的提醒，也是治療師所會面臨的挑戰。

考量治療工作的負荷，治療師將處於專業耗竭的風險之中，除非他們學習如何滋養自己就如同他們滋養個案一樣。

🍀 專業耗竭

在我結束這個部分之前，我想要談談專業耗竭（burnout）。這是一個發人深省的主題值得去討論，也是一個相當重要的主題，因為治療師通常更擅長於照顧他人更勝於照顧他們自己。Maslach 與 Leiter（1997）將專業耗竭定義為：「在他們是誰與他們要做什麼之間出現了混亂的跡象，這代表著價值觀、尊嚴、精神與意志上的侵蝕，意即人的靈魂受到了侵蝕。」（p. 17）治療師會處在專業耗竭的風險之中，「當失衡的狀況出現，工作的要求超過你的負荷，而所供給的是難以滿足你所需要的。」（Maslach & Leiter, p. 17）

治療師在工作環境中的要求與期待，遠遠超過情感上和金錢上的報酬，就容易導致專業耗竭。與困難且又沒有任何進展的抗拒個案工作，忙於應付保險公司與法院體系，以及來自於同事和督導者的批評與不支持，這都是一些環境上的因素造成治療師沮喪、工作理想的幻滅，以及可能產生專業耗竭。

我涵蓋這一部分來強調發展中的治療師會遇到的困難挑戰、諮商師個人及專業上持續成長與自我照顧的重要性。很幸運地，若你能覺察到一些危險的狀況，同時能夠提供自己一些下個部分將會描述到的正向生命經驗，你會學到如何處理你所面臨到的挑戰，同時也能避免專業耗竭。針對本章的提醒，我們將會聚焦在個人／專業上的成長，以及能幫助治療師給予他們在發展歷程中支持的自我照顧活動。

🍀 持續專業發展

預防專業耗竭

　　惡劣的工作環境容易造成治療師的專業耗竭。Skovholt（2001）修正了 Maslach 與 Leiter（1997）所提出預防專業耗竭的方案，同時列出了以下的表格。

專業耗竭的產生	專業耗竭的預防
過量的工作	適量的工作
缺乏控制感	感到選擇與控制
微薄的報酬	受到認可與合理報酬
孤軍奮戰	團隊歸屬感
不公平	公平、尊重與正義
重要價值觀衝突	有意義、有價值的工作

　　我喜歡 Skovholt 模式的原因之一是，他為你我在工作環境中所需要的一切提供了一幅清晰的圖像。讓我們花點時間看一下右邊的欄位，有誰會不想要在這樣的環境中工作呢？相反地，如果你的工作環境完全相近於左邊的欄位，身為一位治療師，你的專業成長與發展將會更加困難。

　　我督導過許多的治療師，他們的工作環境包含左邊欄位中二或三個項目。事實上，一些具有實務經驗的受督者創作出許多沙盤景象，其中所包含的主題像是過量的工作與缺乏控制感。過量的工作是我見過列表中最為普遍的項目，但是我也有幾位受督者是在微薄的報酬與缺乏控制感的環境中奮鬥。我督導過學校的諮商員，他們學校的校長有時候會讓他們受不了自己的工作。除了支持和鼓勵之外，許多學生與正在發展中的治療師如果想要在專業上持續地成長，他們仍需要在工作環境之中做一些改變。

　　試著想像你現在的工作是諮商機構中的治療師，你會和兒童、成人與家族進行會面。你已經有幾年的實務經驗，也對沙盤有興趣，但是你未曾接受過這種形式的訓練。試想在諮商機構中的工作氣氛是很相近於右邊欄位的條列，如果真的是這樣的話，我不難想像作為一位治療師，身處在好的環境中能夠去學習如何有效地將沙盤運用在你的工作中。然而，如果你工作機構的環境完全相近於左邊的欄位，不難想像負向的環境會如何影響你學習沙盤的吸收性與開放性。不論在專業或個人方面，我們都需要支持、認可與尊重。如果你的工作環境無法幫助你在專業上的成長和發展，我會鼓勵你開始去發展退場的策略，以及如果可能的話改變或改善工作環境的計畫。對某些人來說，這可能相當困難或是不可能做出這樣的改變，但是作為一位治療師，你的專業生命卻可能仰賴於此。許多不同的想法將會在本章後面進行討論，以預防專業耗竭，但是惡劣的環境對於成長的促進可能是種阻礙的策略。

🍀 理想發展所秉持的態度

　　在 Ronnestad 與 Skovholt（2003）諮商員發展的研究中，他們發現態度能促進治療師最理想的發展。當他們訪談有實務經驗的治療師，要求他們解釋有助於成長的態度和策略，**反思的態度**具有重要的意義。Ronnestad 與 Skovholt 提到：「反思是種連續性的了解，聚焦在尋找對自己與對他人更為廣泛、細微和深度地了解，也了解實務工作者在他（她）的工作中所經驗到的現象和過程。」（p. 29）

　　我試圖去想像許多曾與我工作的個案們，我很難想起有哪一位個案是不想要治療師抱持著反思的態度。身為個案誰會不想要一位致力於深度地了解我，同時也了解他自己的治療師呢？我認為被了解對個案來說是非常重要的，而自我了解對人本治療師來說也是非常重要的。在本書中我將會再提到幾次這個部分：當你越能在沙盤治療之中運用自己，你也會越有效

能。深度地了解你自己將能夠大幅增進你的治療品質。反思的態度是人本
治療師專業成長的重要關鍵。

Ronnestad 與 Skovholt（2003）解釋反思與發展之間的關係：

> 持續性的反思是最佳化學習（optimal learning）與專業發展
> 層次上所有經驗的必要條件。我們知道，在一般專業經驗上，以
> 及特別困難與挑戰之處，持續反思的能力與意願是治療最理想發
> 展的必要條件。（p. 38）

Ronnestad 與 Skovholt 提及，治療師如何因應困難與挑戰對於他們的
專業成長有重要的影響。造成專業停滯的一個原因是治療師逃避去解決困
難與挑戰，並讓困難與挑戰持續地拖延。Ronnestad 與 Skovholt 也強調與
同事和同儕間建立起有意義的關係，讓彼此之間的交流互動有助於提升治
療師的反思與自我了解。

根據 Ronnestad 與 Skovholt（2003）的研究，**開放性**的態度也是專業
成長的關鍵。防衛的治療師容易忽略他人的回饋，這會阻礙其專業發展。
開放地學習，同時有改變意願的治療師將更能夠接受有建設性的回饋，也
能夠從他們所面臨到的挑戰之中有更多的學習。Ronnestad 與 Skovholt 描
述強烈的學習承諾能夠促進治療師的專業發展。「承諾願意去學習，並且
願意在符合倫理的範圍內進行冒險，同時對於新的知識抱持開放的態度，
這些都為增加專業的知能奠定良好的基礎。」（p. 30）我喜歡這句對於開
放的描述：「**承諾願意去學習，並且願意在符合倫理的範圍內進行冒
險。**」有如此承諾與態度的人本治療師有機會去充分開發他們的潛能，同
時也具有高度的治療效能。

當我在團體中作沙盤的訓練，我對受訓者進行現場的示範，同時向他
們展示沙盤的歷程是什麼樣子。在他們兩兩一組都已經扮演過治療師之
後，這些受訓者開始在團體前面輪流扮演治療師。對大部分的受訓者來
說，要在團體中扮演治療師是很提心吊膽的，即便受訓者是非常有經驗的

心理師。所以在他人面前學習新的事物是困難的，願意冒險去嘗試失敗的
受訓者，比起在團體中觀看的受訓者，會學習得更多也更快。沙盤就像遊
戲治療一樣，不是光透過觀看就能夠學習如何操作，你必須親自去實作。

🍀 成長的維持因素與消耗因素

　　除了能夠促進理想專業發展的態度之外，Skovholt（2001）發現了一
些能夠維持治療師專業生命的活動。Skovholt（2001）提供一個表格，當
中摘要了一些維持與消耗專業成長的因素。Skovholt 的表格清單是來自於
實務工作者向他分享維持與消耗他們的能力，並在專業上蓬勃發展的因
素。表 3.1 列舉出的一些因素，是從 Skovholt 最初的清單中修正而來的。

表 3.1　維持與消耗專業上的成長與健康之因素

維持專業生命的因素	消耗專業生命的因素
從個案身上感受到成功	從個案身上感受不到成功
與同儕和督導建立起有意義的關係	缺乏同儕和督導的支持
清楚的專業界線	過度照顧他人，缺乏自我照顧
挫折容忍力	難以接受失敗
清楚地聚焦在專業上的發展	對專業上的長期發展缺乏注意
有能力處理照顧的循環	無法跟個案進行結案

　　1990 年代，我是全職的治療師，而我並沒有覺察到上述許多的因素。
我很少見到其他的治療師，儘管我和他們共用辦公室，而我也沒有主動與
他們定期聚會來相互支持和鼓勵。現在回頭來看，我認為我的成長相當緩
慢，因為當時沒有去創造一個我所需要且能讓我茁壯茂盛的適當環境。我
並沒有讓自己投入在同儕與良師益友之中來催化我的成長，而且我落入專
業孤立的模式之中，直到我重回校園攻讀我的博士學位。很幸運的是，博
士學位帶給我新的刺激與理解，也促進我的成長。我在 1999 年開始了我的

博士生涯，我學習到許多有助於我個人與專業上自我照顧的方式。就如同 Skovholt（2001）在他的研究中所發現到的，治療師個人的生命對其職業生命有深遠的影響。

🍀 自我照顧

根據 Skovholt（2001）的研究，「治療師維持個人的自我是非常重要的責任，因為做不到這個部分，治療工作、自我的付出就難以持續下去。」（p. 146）如果治療師能夠持續與個案有情感上的依附，同時也提供個案在情感層面的投入，這對他們來說是非常必要的，因此治療師需要找到方法來為自己作情感上的補給和體能上的儲備。Skovholt 也補充有些治療師會認為當他們想著滿足自己的需求時，他們是很自私的。他們很習慣於滿足他人的需求，而忽略掉自己的需求。

思考一下 Skovholt 所補充的話：除非治療師懂得**照顧**自己，否則他們很難**付出**自己來幫助個案。儘管這樣的想法很簡單，這樣的邏輯也適用在許多層面，但治療師卻很容易忽略。此外，雖然在諮商員培訓的課程會談論到自我照顧，但我卻未看到這個主題是被加以強調的。這幾乎都是後見之明。自我照顧的必要性很容易理解，但對治療師而言似乎很難去實踐。

就如同 Skovholt（2001）所提到的，治療師需要去保養他們自己才能彰顯專業的效能。「不斷的更新是必要的，因此我們的『池塘』就不會變成死水。接受『水泉』與『河流』的滋養是非常重要的，讓幫助他人的實務工作者能夠在專業上的依附持續下去。」（p. 147）根據 Skovholt 的說法，治療師需要去「找尋與發現生命中的正向經驗。因此，我建議個人的自我照顧應該要部分聚焦在引發治療師熱情、平靜、愉快、興奮、快樂與滿足的感覺」（p. 147）。

🍀 個人的治療

　　個人的治療對許多治療師來說是很有幫助的正向生命經驗（Mahoney,
1997）。在 Pope 與 Tabachnick（1994）的研究中，他們要求 476 位心理學
家描述他們個人接受治療的經驗。Pope 與 Tabachnick 發現，有 86%的研究
參與者表示他們的治療是很有幫助或非常的有幫助。而研究參與者也表示
從治療中最大的獲益是**自我了解**和**自我覺察**。

　　Landreth（2002）建議，懷抱著理想的遊戲治療師去參與個別或團體
的治療，是一種提升自我了解的方法。有一些諮商員的教育課程會要求受
訓者必須要接受個人的治療，其目的是希望透過治療來催化自我的覺察、
了解與成長。「提供治療的人要先成為個案接受治療的想法是非常的有幫
助，甚至有其必要性，而這個想法可以追溯到佛洛伊德。」（Pope & Ta-
bachnick, 1994, p. 247）所有被認可的諮商員教育課程都會要求受訓者以成
員的身分去參加團體，因為這樣他們會經驗到個案所處的位置以及促進個
人的成長（CACREP, 2001）。因為人本治療師比起其他治療師更善用此時
此刻的力量，因此接受個人治療則更顯得重要。我要一再地向每位讀到這
本書，而且想要將一種類似 DVD 裡人本取向所示範的取向運用於沙盤治
療之中的人，推薦個人治療再重要不過了。

　　如果你與個案正進入這深層且具有意義的工作，如果你對於透過此時
此刻的聚焦與有品質的關係來催化個案成長感興趣，你必須要能夠維持自
己，同時盡可能地增進自我的了解與自我的覺察。此外，個人治療能夠讓
所有治療師去修通他們自身的議題與未竟事物，也能夠幫助他們避免因為
個人的議題而影響到治療關係的品質。

🍀 督導

　　督導是另一種正向的生命經驗，能夠提供治療師在自我照顧上有相當大的獲益（Skovholt, 2001）。1999 年在我攻讀博士學位之前，我已經是一位擁有專業證照且具有十五年資歷的諮商員。當我知道在博士課程中，我將要接受兩年的督導，我一開始的反應是負面的。除了我的經驗之外，我也曾經接受過幾年完形治療的訓練，這讓我有自信能夠去作為一位治療師。然而，在一學期之後，我發現我完全錯了。督導成為我生命中的綠洲，在過程中我能夠舒緩情緒上的緊張、獲得回饋、增進自我的覺察、成為一個人、學習新的策略與處遇，同時發展個案概念化的技巧。

　　「督導關係的品質是發展的關鍵因素。」（Skovholt, 2001, p. 52）假設督導關係是一個相互信任的關係，督導能夠「幫助實務工作者沿著發展而非停滯的道路大步地向前」（p. 52）。督導過程中的評價越少，受督者的防禦心也會越少。就如同我在整本書中所強調的，害怕會阻礙發展，而害怕被評價與評斷也一定會阻礙受督者的發展。

　　作為一位治療師，你會依據目前發展的階段而需要不同類型的督導。如果你是有經驗的臨床醫師，但相對在沙盤的運用上經驗較少，那麼你會需要且想要更複雜的督導。我曾督導過新手的訓練者與資深的實務工作者，同時我也會努力去轉換我的督導方式來滿足受督者的需要。

🍀 經濟上的自我照顧

　　治療師在自我照顧方面受到忽略的地方就是經濟上的自我照顧。Skovholt（2001）描述美國是一個富裕的國家，「富裕國家是在多數車子裡僅有一個人」（p. 149）。Skovholt 提到，美國人傾向於花掉他們所賺取

的金錢，他也提及心理健康專業並未獲得良好的給付。治療師從協助他人生活做出改變之中獲得極大的滿足，而不是從經濟上的獲益。Skovholt 建議治療師需要節省支出，同時擁有更多的投資，然而身處「在密集廣告宣傳的文化之中」是很難做到的（p. 150）。如果治療師的理財能力不好，且又無法抵抗廣告文化的訊息而購物與消費，經濟上的壓力會增添治療師的其他擔憂。

🍀 幽默與休閒

　　Skovholt（2001）提到幽默感是所有在高壓環境中工作的人的資產。「身處在充滿嚴重人之問題的工作環境中，主動地笑、嬉戲遊玩、講笑話以及幽默，對個人來說都是非常正向的活動。」（p. 151）在心理治療師的因應技巧研究之中，Kramen-Kahn 與 Hansen（1998）發現 82%的研究參與者贊同幽默是因應壓力的有效策略。

　　在個人層面，我贊同 Skovholt 的看法以及 Kramen-Kahn 與 Hansen 針對治療師的調查。對我而言，與同事們一起開玩笑與嬉鬧是非常有幫助的活動。我很難想像一個缺乏幽默的工作環境會是個愉快的工作場所。如果我信任和親近我的同事，幽默是我們關係中的一部分。過去幾年，我曾注意到受督者在督導中享受於歡笑與開玩笑的過程。我試圖去營造輕鬆的氣氛，同時我相信這樣的氛圍對於受督者來說是重要而且有幫助的。

　　除了幽默之外，在 Kramen-Kahn 與 Hansen（1998）的研究中，治療師們指出休閒活動能夠讓他們感到放鬆和充電。Skovholt（2001）同意這項研究發現，同時也建議治療師能夠學著去嬉戲遊玩。許多能夠帶給治療師充電與滋養的活動，和治療師向個案建議的活動相同。治療師要去學習如何用同樣的方式來滋養自己。

🍀 壓力管理

　　放鬆也會是治療師的挑戰，儘管許多治療師會幫助個案學習使用放鬆與減壓的技術。Skovholt（2001）提到許多治療師精通於放鬆訓練、冥想、瑜伽與生理回饋，但是並未運用這些方法來降低他們自身的壓力或過度喚醒（overarousal）。過度喚醒也稱作「攻擊或逃離反應」，是同時源自外在與內在壓力的常見結果。

　　哈佛的醫師與研究者Benson（1975）提到，攻擊或逃離反應（過度喚醒）曾幫助人類順利的存活。當面臨到無法預料的情況，「非自主反應會增加我們的血壓、心跳、呼吸、血液量流向肌肉與新陳代謝，以幫助我們準備面對衝突或逃離」（p. 24）。然而，Benson說到現在攻擊或逃離反應的使用與原先的功能意圖不同了。許多人經驗到過度喚醒時，他們不需要增加力量去攻擊或增加能量去逃跑，反而是在他們遭遇到壓力狀態的時候。

　　有鑑於這種不必要的過度喚醒的發生，Benson（1975）認為人們需要一種能夠對抗過度喚醒與保持身體平衡的反應，Benson將這種反應稱之為「放鬆反應」。Benson發現病人能夠運用每天十分鐘的時間進行簡單冥想技術來降低血壓。在Benson的冥想技術中，教導人們去忽略想法而專注在文字。這種自我調節的練習幫助人們與他們的想法分離。Skovholt（2001）提到，「在實務工作者的個人與專業生活之中，透過練習來學習，同時反覆的練習以減少壓力反應或過度喚醒是非常重要的」（p. 159）。

🍀 關於中心化的個人故事

　　2001年的秋天，是我在北德州大學身為博士班學生的第三年，也是最

後一年，我到科羅拉多州的一個區域性諮商研討會去進行發表，在發表前與發表的過程中，我非常的焦慮。結果我並不滿意我發表的品質。參與那場會議的人也許沒有明顯的感覺，但我卻感到懊惱、挫折與失望。

當我回到達拉斯，我下定決心要找到方法來解決我焦慮的議題。我有時得要和焦慮奮戰，但是我知道一旦我成為教授，我將要在專業的研討會中進行發表，而我不想要在每一次我發表時都得持續地跟焦慮奮戰。多年來我已經學到一些中心化（centering）的知能。我曾閱讀由 Benson（1975）所著的《放鬆反應》（*The Relaxation Response*）一書，我覺得很有幫助，我也常根據他的一些基本規則來練習簡短的冥想技術。當我接受訓練成為一位完形治療師，Rick Carson 教導我一些他所使用的中心化技術，我也很有規律地練習。然而，我顯然需要學習更多調節自己想法與心情的方法。

我碰巧翻到一本書叫作《打開心扉》（*Open Mind Open Heart*）（Keating, 1991），書的內容主要聚焦在中心化的祈禱，是一本很有趣也很實用的書。Keating 在書中所教導中心化祈禱的方法大約是二十到三十分鐘的練習活動，人們從中可以學習到與他們的想法有所分離。我開始一天練習一到兩次這種方法，而且每天努力的練習。這大約是七年前的事情了。在目前的時間點上，儘管有些時候，我一週只有練習一到兩次的中心化活動，但我已經練習中心化的方法不下一千遍。這對我有幫助嗎？現在的我能夠在研討會中發表，而不會經驗到 2001 年發表時那樣的焦慮嗎？

我不希望我描述的內容聽起來過度的戲劇化，但整體上來說，我所練習中心化的祈禱已有助於減緩焦慮，且當我進行發表時經驗到更少的焦慮。我粗略的估計，相較於先前，我已經減少了 90% 的焦慮感。如果你沒有練習過類似我之前所描述的活動，你也許會想知道這究竟是怎麼運作的。不用贅述太多的細節，請容我這樣說，就是我已經學習到如何去回應過去那些造成焦慮的想法。當我有這類的想法（假如你有擔心或焦慮的煩惱，你可能會了解我所指的這類想法），而我現在能夠讓這些想法過去。我不會被過去造成焦慮情緒的想法所鉤住。許多人在與他們的想法分離或

是讓他們的頭腦安靜下來是有困難的。對我來說，現在比過去要容易許多。

正如你所猜到的，我是中心化的熱情支持者。中心化改善了我的生活，同時給予我相當大的信心，讓我在公開說話之前的時間能夠不再擔心，同時也能夠處理一些在過去很令我緊張不安的工作。除了相信許多個案需要在自我調節行為的項目之中，應增加這類的習慣之外，我相信許多治療師在他們的生活中也需要一些中心化的方法，如此他們將能夠盡可能地活在當下、自我覺察，以及聚焦在他們的個案身上。中心化已經幫助我和其他我所認識在這領域中的治療師，同時也增進我們的效能。再者，如果你很容易擔憂或者甚至是當你想停止的時候，你很難從思考中停下來，而中心化正是無價之寶！

🍀 摘要

要成為人本治療師是一趟漫長且充滿挑戰的旅程，當中會牽涉到個人與專業歷程的成長和發展。有效能的人本治療師需要許多特質，而這些特質只有在經歷痛苦、失落以及其他生命經驗之後才會出現。新手實務工作者通常有一段壓力時期，在畢業之後，他們會發現自己航行在無法預料的海域之中。專業成長是藉由反思與開放性的態度來催化，以及對於學習的承諾。健康與支持性的工作環境、與同儕和督導者建立有意義的關係，以及個人自我照顧的策略，這些都是提升專業成長與預防專業停滯和專業耗竭的重要因素。

❋ 實務工作者的反思

1. 你會如何描繪在個人與專業生活之中的人際關係？你是付出多過於接受嗎？如果是這樣的話，你如何在生活中的這個部分尋求更多的平衡？

2. 你會如何描述你的工作環境？

3. 你對於接受回饋與自我成長的開放程度如何？對於專業挑戰與困難，你有多少的自我反思？

4. 你是否有同事能與你一同處理專業上的挑戰與困難？

5. 當你注意到自身負面的事物時，你會如何反應？

6. 對於你自己，你有多麼吹毛求疵地評論？

❋ 督導者／諮商教育者的反思

1. 你會如何幫助新手實務工作者處理他們遭遇到的壓力？

2. 有關本章面對所討論到的挑戰，你的訓練課程如何協助即將畢業的學生準備呢？

3. 你會如何幫助你的受督者練習自我照顧？

第 4 章

發展上的考量

🍀 沙盤與發展

　　沙盤能夠運用在兒童、青少年與成人身上。然而,幼童(九歲以下)運用沙盤時他們會覺得沙盤很像沙箱:是一種正在遊玩的經驗(Homeyer & Sweeney, 1998)。運用沙盤在九歲以下兒童的相關討論,Homeyer 與 Sweeney 的書是非常好的資源。對於大多數八歲的兒童,我個人偏好遊戲治療多過於沙盤。我比較兩者的差異的方式取決在於治療師提供的結構性比例量。在遊戲治療中,我的取向是會讓兒童來主導。在第一次療程中,當我們走進遊戲室的門之後,我會說:「在這個房間裡面,你可以用許多你喜歡的方式來玩這裡所有的玩具。」然後兒童就會選擇要玩些什麼,以及如何去玩一些特定的玩具。接下來的療程,當我們進入遊戲室,我就不會再進行時間結構的說明。當然,在遊戲室中會有一些行為的限制,設限的運用能夠建構兒童遊戲治療的經驗,但這非常不同於沙盤所提供的結構。我認為沙盤是一種結構性的活動。我會對十歲的兒童說:「我想要你創作一個你的家庭。」我的指引結構了且侷限了兒童的經驗。

🍀 具體運思期的兒童

具體運思期的兒童（大約七歲到十一歲）無法抽象的思考（Wadsworth, 1996）。他們能夠具有邏輯性的思考，但是無法抽象思考。如果治療師試圖向具體運思期的兒童運用假設性的舉例，最可能的結果就是兒童們會感到困惑，同時流露出無趣的神情。

Greenspan（1993）稱這個階段為「世界就是其他的孩子」。他提到這個年紀的兒童離開幻想的世界，也開始越來越少出現假裝的遊戲。許多兒童在這個年紀會將他們的重心轉移到去精熟他們曾學習過的技巧。在社交方面，兒童在這個年齡層：

> 較少用父母對待他們的方式來定義他們自己，而大多是透過在學校的同儕團體中適應的狀況如何來定義。他們的自我意象開始由團體來定義，由遊戲場上的勝利來決定地位的高低，進而取代先前由他們父母親單方面的決定。（p. 9）

根據 Greenspan 與 Shanker（2004）的說法，兒童的「自我感已經達到一個新的組織層次，同時真實的社會自我（相較於早期家庭所定義的自我）開始出現。然而，自我感的出現是相當的僵化和兩極化」（p. 77）。

除了從家長轉向同儕之外，這個年紀的兒童會開始發展「能夠情感性地辨別一些想法」的能力，這能幫助兒童看到一些灰色地帶的狀況。「灰色地帶的思考能夠讓兒童了解他們在團體中的角色，同時也能處理日益複雜的社交系統。」（Greenspan & Shanker, 2004, p. 76）

這個年紀的兒童也可能不願意聚焦在感覺上，或是用口語表達強烈的情緒。這種經驗對於大部分具體運思期的兒童來說，是很不舒服且具有威脅的。因此，我已經發展出下列的一些建議，當你與處在這個認知發展階

段的兒童進行沙盤時可以參考。

- 多聚焦在兒童的行為就如同聚焦在語言一樣。有鑑於兒童無法像青少年或成人那樣談論較多他們的沙圖景象，所以兒童的行為就顯得更加的重要。當兒童在創作沙盤景象時，密切地注意兒童在景象的創作、物件的選擇，以及非口語的行為。舉例而言，兒童會很倉促地完成沙盤景象的創作嗎？相對地，兒童會花費相當多的時間來確認每個小物件是否有依照她所想要的方式來排列？

- 限制兒童使用象徵物的數量。如果你允許他們沒有限制的使用物件，有一些兒童會將整個沙盤填滿。

- 多停留在隱喻或象徵之中，如果兒童說：「狗狗自己一個在那裡。」兒童透過談論狗狗來回應，而我會說：「狗狗看起來好像很孤單。」允許兒童擁有象徵或保有此象徵所引發的安全感。兒童不需要去談論所有象徵是如何和他們自己有所連結，治療師也不需要急於將焦點從象徵轉移到兒童身上。

- 你可以選擇聚焦在許多的面向，但是不能夠去逼迫兒童。我會問：「這個發生了什麼事情？」除非兒童先將物件命名，否則不要直呼物件的名稱。這樣的回應方式（不直呼物件的名稱）很類似於兒童中心學派遊戲治療的催化性回應。雖然這是個結構式的活動，而且兒童此時的認知能力比起前運思期的兒童更加進步，但讓兒童去發揮她的想像力是很有幫助的。目的是在持續催化她的經驗：進而去探索，而不是去詮釋或者運用時間來解決問題。

- 雖然我提供一些我會提問的問句作為例子，但還是建議治療師謹慎提問（Erdman & Lampe, 1996）。

- 在這個年紀的兒童非口語線索比起口語的內容更加重要，因為這個年紀的兒童一般都是透過非口語的方式來表達他們的情緒。就如我在整本書中所討論到的，在人本取向沙盤治療之中，要能夠解讀非口語的線索是非常的重要。

- 對於具體運思期的兒童，**進行討論的時間要盡量減少**。治療師不要期待兒童能夠有深入的歷程經驗。

- 不帶著評價性的態度與兒童進行溝通。不論個案是任何年齡，這一點都是很重要的，而我認為對這個年齡的兒童更是特別重要。兒童在感到舒服且足以去探索他們的感覺和議題之前，他們需要安全感。

- 多聚焦在沙盤景象上的物理布局，同時評論特定的物件與它們所在的位置，以及與其他物件之間的關係。例如：「這一個獨自在這邊。」

運用沙盤和具體運思期的兒童工作是很有影響力的，但是運用的方式和青少年或成人不一樣。通常運用沙盤治療與具體運思期的兒童工作，最有影響力的部分是沙盤本身，而不是歷程。透過沙盤，兒童能夠傳達出深層的意義和故事。有一些具體運思期的兒童能夠在療程中有更多的感受和口語情感的表達，但我的經驗是有些兒童是例外的。

我第一次與具體運思期的兒童進行沙盤療程，當時我是北德州大學的博士生。個案是一位八歲的兒童，我與她進行每週一次的遊戲治療持續三個月左右。每隔幾次療程，我就會與家長進行簡短的家長諮詢，然而我開始對於這些諮詢感到挫折。特別是個案的母親會對我所說的每一件事情都回應：「是的……可是……」由於我正在修習親子治療這門課，所以我決定嘗試對這個孩子和她媽媽進行沙盤治療的療程。我永遠不會忘記那段經驗對這位媽媽和我的影響。

我請這位媽媽和兒童去創作他們家庭的景象。她們在一個有分隔的大沙盤中各自創作獨立的景象。兒童在沙盤的中間排列了三隻在一起的狗狗，同時也在附近增添了一些樹和少許的物件。接著，她開始在沙盤中挖掘，從狗狗那邊移動了約十吋的沙子，一直到她創造出一條四到五吋寬的河流（沙盤的底部是藍色的）。然後，她在河岸的另外一邊小心地放上兩隻狗狗。我不是很確定這沙盤意味著什麼，直到她告訴她媽媽和我關於狗狗擺放位置的意義。兒童說，在一起的三隻狗狗是她和她的兩個兄弟姊妹（一個弟弟和一個妹妹）。接著，她說另外的兩隻狗狗是媽媽和爸爸。她

說這兩隻在一起的狗狗遠離其他的狗狗，因為他們太忙了。

　　這讓我十分震驚，在兩分鐘內，兒童已經做到了一些我無法和家長在我們所有的諮詢之中做到的：拿走媽媽的防衛。在兒童談論完沙盤中的其餘部分後，過了一小段時間後，換媽媽談論她的沙盤，此時兒童開始顯得有些焦躁不安。所以，兒童先去了等候室，而媽媽和我則談論她女兒所創作出來的景象。以下摘錄了這位媽媽和我之間的對話：

治療師：希拉的沙盤景象你注意到了些什麼？

瑪　麗：我注意到她把所有的孩子都聚在一起，而我們卻完全地遠離他們。她似乎將他們看作是一國，而我和爸爸是一國，與他們是分開的。

治療師：你如何看待這樣的描述？

瑪　麗：事情就像那樣，特別是在這學年的時候。我能夠理解為何她用這種方式來看待。

治療師：當你第一次聽到希拉用這種方式來描述事情，你的感覺如何？

瑪　麗：有點糟糕。讓我覺得我需要為她和其他的孩子付出更多。

治療師：當你看這幅景象，你現在會有糟糕的感覺嗎？

瑪　麗：嗯嗯。

治療師：描述一下那種感覺，對你來說是什麼樣的感覺？

瑪　麗：痛的感覺，因為我不想讓她覺得和我是有隔閡的（Armstrong & Simpson, 2002, p. 7）。

　　大家可以注意到兒童如何用幾句話就能夠影響到媽媽。兒童在一兩分鐘之內用很有效率的方式來表達出她的感受。當她談到三隻狗狗在那邊，還有兩隻忙碌的狗狗，她媽媽和我坐在那兒，我們的注意力全都集中在那幅景象。綜合沙盤的景象和兒童簡短的描述是很有影響力的。在這次與兒

童和她媽媽的療程結束之後,我確信沙盤是很有效的介入。我很驚訝於媒材的影響力,以及非指導性的表達性藝術活動所具有的影響。此外,我發現到這樣的介入能夠運用在有幼兒的家族治療之中。

🍀 前青春期的兒童與青春期的青少年

當然,除了認知發展之外,與前青春期的兒童和青春期的青少年工作仍會有許多的挑戰。前青春期的兒童(大約十到十三歲)有獨特的發展需求。「他們正處在發展抽象思考的歷程,而且不能夠輕易地用言語表達他們的感覺和思考。」(Flahive & Ray, 2007, p. 364)前青春期的兒童與青春期的青少年(大約十二到十五歲)都「想要像其他人一樣獲得社會的接納,同時對於尷尬或是與眾不同的表現感到焦慮」(Vernon, 2002, p. 7)。儘管從具體運思轉變到形式運思大約是從十一歲開始,但是這個歷程是漸進的,直到十五歲才會發展完成(Wadsworth, 1996)。

關於這個年紀的兒童族群的一個議題是:參與諮商通常都不是他們自己的想法。就如同 Vernon(2002)所提到的,兒童和青少年通常是被家長或是其他的成人帶到諮商機構或是私人執業的治療師面前。非志願性的轉介可能會造成抗拒的增加。Vernon 建議治療師透過討論的方式來提出這個議題。表明你了解前青春期的兒童與青春期的青少年前來參與諮商並非出自於他們的本意,同時簡短地討論這個議題。同理與耐心會是很有幫助的,而且不要將個案不想要在這參與諮商當作是你個人的問題,這也是很重要的。

所有的個案都會抗拒,不論如何,這個年紀的個案很難相信能夠安全地和治療師分享個人的想法和感受。這無疑也會影響到沙盤治療。信任感是我與個案進行每件事的基礎。如果個案信任我,他們會讓我去引導他們進入那惱人的感覺和議題。另一方面,如果個案的防衛升高,那麼在治療中就不會有太多重要的事情發生。因此,在與十一歲到十五歲的個案進行

沙盤治療時，我會建議你謹慎行事。一般這個年紀的兒童對於經驗到強烈的情緒具有較少的容忍度，而沙盤可能會引發出他們害怕的感覺。

　　從正向的角度來看，表達性藝術活動的優點之一就是能夠提供給孩子非語言的溝通方式（Bratton & Ferebee, 1999）。有鑑於前青春期的兒童仍持續發展他們口語的技巧，表達性藝術的活動像是沙盤，能夠提供兒童其他象徵性的語言來表達他們的感受。Bratton 與 Ferebee 也建議對於前青春期的兒童運用其他威脅性較小的表達性藝術活動。

　　雖然遊戲治療被運用在所有年齡層的兒童和成人身上，但是前青春期的兒童可能會認為他們年紀太大了，所以無法去玩一般遊戲室裡面的玩具。Flahive 與 Ray（2007）提到，「比起傳統形式的遊戲治療，前青春期的兒童可能更容易接受沙盤治療，主要是因為媒材的關係」（p. 364）。前青春期的兒童能夠覺察到在沙盤中所使用的物件是不同於他們以往的玩具。

　　雖然前青春期的兒童與青少年能夠進行「談話治療」，但是我會強烈建議對於這個年紀的個案運用結構性的活動。再者，當你與這個年紀的個案運用沙盤或其他表達性藝術活動，許多先前我已經條列出來的考量是很重要的。在沙盤治療中，除非你能分辨個案能夠在延長或一段時間裡舒服地表達和沙盤景象有所關連的感受，否則我會限制沙盤歷程的時間。

🍀 團體沙盤治療

　　諮商和治療這個年紀（九到十四歲）的族群最有效的方式之一，就是團體治療（Draper, Ritter, & Willingham, 2003; Lomonaco, Scheidlinger, & Aronson, 2000）。「團體沙盤治療的特色，像是如何連結口語和非口語的溝通，團體的形式與活動的取向能夠滿足前青春期兒童的發展需求。」（Flahive & Ray, 2007, p. 365）有研究支持對於前青春期的兒童與青少年以團體的形式運用沙盤是有成效的。Flahive 與 Ray（2007）和 Shen 與 Arm-

strong（2008）分別進行團體沙盤治療的量化研究。這些研究的結果將會在
「研究」一章中詳細的討論。

🍀 摘要

　　一般幼兒使用沙盤就像是他們在遊戲室中的玩具或是其他的活動。具
體運思期的兒童能夠在沙盤中創作景象，但是修正一些活動來滿足這個年
紀族群的發展需求會是有幫助的。一般來說，沙盤治療的討論歷程是較為
簡短、較少口語，同時不像成人個案那樣深入。與具體運思期兒童工作的
治療師需要密切地注意非口語的線索，因為大部分的情緒都是非語言的表
達。沙盤治療在具體運思期兒童的一個應用就是家族治療。在家族治療中
使用表達性藝術能夠讓治療師將幼兒納入治療歷程之中。團體沙盤治療在
學校體系中已經有效地運用在前青春期的兒童身上。

 反思

❉ 實務工作者的反思

1. 如果你進行家族治療,你在治療之中會包括幼兒嗎?如果會的話, 你會如何進行?

2. 你具備多少關於不同年齡個案的正常發展專業知識?

3. 對於不同年齡的個案,你會如何修正你的處遇?

❉ 督導者╱諮商教育者的反思

1. 你的受督者或學生對於不同年齡個案的正常發展是否有好的理解?

2. 基於個案發展的階段而調整處遇策略,對此你會教導你的諮商受 訓者一些什麼內容?

3. 你的諮商受訓者有多少訓練與機會針對不同年齡的個案使用表達 性藝術活動?

4. 在你訓練課程中的諮商員有多少機會需要和兒童、前青春期的兒 童和青少年進行團體的工作?

第二部分／沙盤歷程

第 5 章
沙盤經驗

🍀 沙子

　　如果你曾經去過非常棒的海灘，你會知道沙子有多麼的漂亮與神奇。孩子們很喜歡沙子，他們喜歡去捏沙、在沙中挖掘通道、打仗，以及用腳趾間來擠壓沙子。他們喜歡從有海浪的地方奔跑，讓他們的雙腳能夠陷在濕沙當中。沙子能夠創造出「理想的觸覺和動覺的經驗」（Oaklander, 1988, p. 167），沙子也是「一種表達我們是誰的核心方式」（Homeyer & Sweeney, 1998, p. 21）。

　　也許我偏愛在沙盤中運用白沙子的原因就是因為海灘。我喜歡海浪的聲音與旋律，因為它是一種催眠。海洋、海水和海灘也都是野性且不可預期的：充滿著生命力與冒險。當個案在沙中創造一幅景象，我會希望他們經驗到一場冒險。在冒險中他們一定會發現一些關於他們自己的事物，而那是他們所沒有預料到的。儘管有時候我們都非常的熟悉，但是我們仍會想要去探索。沙盤是一種自我的探索，沙子是經驗的一部分，是能夠通往自我深度經驗的窗口之一部分。

🍀 物件

物件（miniature）也是經驗的部分，巫師、巫婆、精靈、怪獸、超人、蛇和蝴蝶可能都是經驗的部分。兒童會選取特定的物件，有時候他們也沒辦法去解釋為什麼。他們也許會選擇可怕、希望、對抗或是和平的象徵。要是沒有高品質的物件，個案將無法找到象徵來表達他們的經驗、感覺、掙扎和願望。有物件能夠讓個案完整地表達他們自己是非常重要的。

過去幾年來，我曾帶領過一大群的學生和實務工作者進行經驗式的沙盤訓練。最大的一群大概有二十五位受訓者，面對這麼大的團體要有足夠物件真的是一大挑戰。如果你要進行訓練，很重要的不只是在物件上要能夠提供良好的選擇，同時物件也要有足夠的數量。

最近我帶領五位治療師的小團體訓練，就如同往常我在經驗式的訓練中所會做的，我要求他們每一個人在沙盤中創造他們最近的生活。每個人都有自己的沙盤，同時去選擇陳列在他們面前的物件。在這個階段的尾聲，當中的一位受訓者提到，她無法找到能夠代表她自己的物件，沒有一個物件是相當適合她的。當我聽到她這樣說的時候，我感到相當的困擾，因為對我來說，提供受訓者和個案有足夠物件的選擇是非常的重要，如此他們才能夠找到物件來表達他們所想要表達的一切。

Homeyer 與 Sweeney（1998）強調，提供個案完善的物件作選擇的重要性（而他們也提供完整的一套所需物件的項目清單）。他們提到專業文獻「建議在心理治療中至少要提供個案三百種以上可用的物件」（p. 30）。上述受訓者對於物件質量的評論多過於物件的數量，而兩者都很重要。我努力盡我所能增添物件的質量，但是我仍想要有更多。而個案與受訓者也需要有越多的選擇越好。

🍀 沙盤治療的療程

　　當個案進入到我個人開業的辦公室，我想要讓他們覺得自己像是進入安全的天堂。在等候室中有舒適的家具和柔和的燈光，也有音樂輕聲的播放。當個案進入到成人治療室，我們有幸被樹木所環繞，同時還有一扇落地窗。我希望個案會想要脫掉鞋子，同時能夠真實地做自己。

　　沙盤提供個案另一個媒介，透過這個媒介他們能夠表達他們自己。就如同我曾提到的，我只將沙盤運用在對我有深度信任的個案。向個案行銷沙盤的想法會讓我感到不舒服。如果個案不願意進行沙盤，那麼我們也不會做。在後續的治療過程中，如果我認為是具有治療性的，我會再次向個案提出沙盤的邀請。Homeyer 與 Sweeney（1998）提到沙盤「應該是有目的和意圖的使用」（p. 53）。他們強調治療師必須針對特定個案來考量沙盤使用的目的和時機。除了之前所提到發展上的考量之外，Homeyer 與 Sweeney 建議一些以沙盤作為個案處遇的好時機點。一個運用沙盤的建議是作為個案步調的改變，這是一個能夠重新激勵治療的歷程或者帶領治療進入更深層次的方法。這個建議有點像是人本取向沙盤治療的概念：當個案陷入僵局時，運用沙盤會很有幫助。

　　從人本的觀點來看，陷入僵局意味著個案正陷入困境或卡在兩極之中（將在第 7 章作深度的討論）。舉例來說，個案可能不喜歡她的工作，但是卻因為考量到工作的薪水和安全性而害怕做出改變。也許個案有這樣的感受持續了一段時間，但是似乎無法做出任何的舉動。或者是個案可能對婚姻不滿意，卻因為宗教信仰的關係而覺得有責任要遵守承諾陪伴在丈夫身邊。對於上述個案的任何一種狀況來說，沙盤可能會是一個適當的介入。

🍀 沙盤室

有些地方會設置提供沙盤治療專用的房間。在北德州大學的兒童與家庭資源診所中，有間房間裡頭有著讓人難以置信的物件收集，以及兩個相靠的沙盤且中間有所分隔。這個房間是為沙盤治療而建造，因此治療開始之前不需要做額外的準備。

然而，在我私人執業的辦公室，我們沒有沙盤室。我們用成人的辦公室來進行沙盤治療。就如同我提到的，辦公室有漂亮的窗戶，同時被樹木所環繞，不過卻需要花點時間來準備一下房間才能進行沙盤。在治療之前，我要將物件整理到長桌上。我採用 Homeyer 與 Sweeney（1998）整理物件的建議，將正向物件整理在桌子的一端，負向物件在桌子的另外一端，中性的物件則放置於中間。你可以在 DVD 中看到，我把沙盤放在小桌子上面，旁邊還有兩個小椅子。

當我放置好桌子和沙盤之後，我會帶領個案進入房間，讓他先習慣一下環境。因為我會在上次晤談向個案詳細描述所有的事情，因此個案不會對這個活動或是房間的設置感到不舒服，而通常個案會大略地看一下物件之後就坐下。

🍀 創作沙盤景象

有些治療師會邀請他們的個案去打造一個世界、創造一個世界，或是建造一幅景象。我更喜歡這樣子說：「我想要你**創作一幅你現在生活的景象**。你的景象可能會有過去和未來的元素，但是我想要你主要聚焦在你現在的生活。」我也會讓個案知道她可以慢慢來去創作景象。當我在進行沙盤治療時，我會允許一個小時半的療程，而非一般常見的五十分鐘。

　　榮格沙遊治療師使用「自由和保護空間」的詞彙來描述沙盤的神聖。
Homeyer 與 Sweeney（1998）提到，「在任何形式的心理治療之中，發展
和維持治療性的環境，讓個案身在其中工作（口語或非口語）是很重要
的」（p. 62）。對治療師而言，很重要的是要在沙盤室中創造安全和自由
的氛圍，讓個案去探索和表達她真實的情感。「因此，當個案在沙盤中建
造或創作時，諮商員必須要全然地存在，必須要去傾聽、觀察，以及同理
與認知地參與，如此能夠分享個案創作的行為。」（p. 62）

　　在創作景象的期間，我努力盡可能地存在而不說話。對個案來說，有
內在的經驗去連結或選擇物件是很重要的。我不想要去打擾他們內在的歷
程，但是我希望他們知道，當他們正在經驗創作景象的時刻，我是與他們
同在的。如果可以，我會在這個階段的療程，播放輕聲的音樂作為背景。

　　Homeyer 與 Sweeney（1998）提到有些治療師會發現在創作景象的階
段，要全然地存在而不說話是一種挑戰。這個挑戰會帶我們回到先前我們
所討論過的議題：遊戲治療訓練的價值觀。遊戲治療師被訓練成要全然地
存在的陪伴著兒童，即便兒童可能一句話都沒說。許多兒童在遊戲治療
中，整個療程沒有說到一個字。治療師若沒有遊戲治療的訓練，與個案長
時間沒有口語的互動也許會覺得很奇怪。

　　每個個案在創作景象的階段都有其獨特的方式。有些個案是衝動而且
具有侵略性，然而有些則是會沉思和反思。通常大部分的成人會花時間，
深思熟慮地仔細觀察物件。成人個案在這個階段的沙盤通常會花費至少十
五分鐘，但是也可能花的時間更長，這要視個案的狀況。有些個案花費相
當多的時間在沙中排列與調整物件，然而有些則不會。當有些個案（通常
是青少年或更年長的）在創作他們的景象時，他們會開始哭泣。

　　在 Homeyer 與 Sweeney（1998）的療程步驟中，在創作階段之後與歷
程階段之前，他們稱之為創作後的冥想階段（post-creation phase）。我從
未用這樣的方式來看待，但是我猜想從創作階段到歷程階段之間有一個過
渡時期。有趣的是，有些沙盤治療師相信在沙盤中療癒的歷程**只有**在沙盤
創作的階段。因此，這些治療師不會和個案去處理沙盤的歷程（Boik &

Goodwin, 2000）。

其他治療師會運用沙盤中的景象作為口語互動的跳板。在本書中所描述的人本取向是欣賞和重視療癒的歷程，而這歷程是發生在沙盤創作的階段，以及使用沙盤作為跳板。沙盤的口語歷程能夠延伸和拓展個案始於創作景象時的內在工作。

在創作後的冥想階段，Homeyer 與 Sweeney（1998）建議治療師花時間運用視覺和情感來觀察這個沙盤。這樣的觀察傳達給個案的訊息是治療師很重視個案的創作。當治療師觀察沙盤時，很重要的是要去看到沙盤的整體。這個景象在跟個案說些什麼？她的世界看起來是什麼樣子？

Homeyer 與 Sweeney（1998）也描述到在沙盤景象中所觀察到的常見主題，同時將沙盤景象或世界分成幾種類型：空洞的世界、無人的世界、封閉的世界、僵化的世界，以及混亂的世界。甚至在處理沙盤景象之前，治療師和個案能夠獲得進入個案重要深層議題和夢境的入口，而這是個案先前所未曾揭露的。

針對沙盤進行處理

本章剩下的部分，我將會介紹沙盤的處理（processing）階段，以及在DVD的沙盤療程中所出現的一些象徵和議題。然後，接下來的四個章節，我將會討論人本取向沙盤治療在處理階段的不同方式。在沙盤治療的處理階段，我和個案最主要的目標是去**催化探索、表達、覺察和發現的歷程**。

就如同 Homeyer 與 Sweeney（1998）所建議的，「沙盤及其內容成為了討論的焦點，而不是個案。隨著焦點從個案身上移開，個案能夠更加自由地討論他（她）的議題」（p. 74）。然而，Homeyer 與 Sweeney 也說到，「停留在沙盤隱喻的例外是當個案開始將沙盤景象中的元素和他（她）的生活狀態作連結」（p. 75）。

大多數與我工作的成人個案和受督者，在處理沙盤階段的初期就能夠

開始將沙盤中的元素和他們的生活狀態作連結。**通常焦點會在沙盤和個案之間來來回回，然後再次來回。**我在 DVD 裡的沙盤療程，以及其他療程中的處理，療程中的焦點是起伏流動的，從沙盤到個案，再回到沙盤。

　　一般在開始處理的階段我會說：「告訴我關於你的這幅景象。」然而，如果個案在**創作**階段感覺到一些什麼，我會開始試圖從那開始。舉例來說，在 DVD 的療程中，在摸索了幾秒之後，我問：「創作這幅景象像是什麼？」個案回應說：「創作這幅景象甚至讓我感覺到一些感覺，就像我正在表現這景象。」如果個案在這一刻感覺到一些什麼，我會聚焦在這個經驗中。

　　就如同 Homeyer 與 Sweeney（1998）所提到的，處理沙盤中的景象對個案和治療師來說，會是很強烈且具有影響力的經驗。在 DVD 的療程中，在我們開始處理階段之前，這個經驗就很強烈了。如果個案允許她自己在創作階段經驗她的感覺，景象的創作可能就會引發她一些強烈的感覺。記得，沙盤創作階段也是療癒歷程的一部分。我對照兒童在遊戲治療中的經驗，當兒童在娃娃屋中創作景象或是有軍隊的士兵，他們可能是感到生氣或難過。在遊戲治療和沙盤治療之中，個案會將他們的感覺投射到象徵物和景象上。

　　多年前，我和一個四十多歲的成年男性進行沙盤。他在當時並沒有任何的親密關係。很碰巧地，沙盤療程在情人節過後的幾天進行，除了椅子和桌子之外，他所創作的景象有一部分是空的。當他看到空椅子和空桌子，眼淚從他的眼眶中落下，因為這些象徵物代表著他在情人節當天感到多麼的孤單。景象的創造能夠在個案身上引發強烈的感覺。在本書中所描述的人本取向沙盤治療會遠離詮釋，而聚焦在探索。你會在後續幾章看到，探索是一個很深度的經驗。在處理階段我對個案所做的，大部分都是催化探索和覺察的歷程。我同意 Rogers 的主張，最具有影響力和治療性的回應就是讓個案超越他們先前覺察的層次。

🍀 DVD 療程中的片段 12

如同我先前所提到的，處理階段的焦點通常是**在沙盤和個案之間來來回回，然後再次來回**。在 DVD 療程的初期，焦點在於個案的經驗，接著在片段 12，她將她的注意力轉換到沙盤上。在這個段落她深度地描述所選擇的許多象徵，這一段非常長，同時包含了許多重要的議題和意象。很容易可以運用整個療程來聚焦當中提出的一些議題，例如是關於生活上的失敗、希望、矛盾，以及她與上帝之間的關係。

出現的象徵和議題有：

- **盲目樂觀的人**（Pollyanna），包括未看到兒子發生什麼事情，以及失敗。
- **橡皮圈和溺水的男孩**，包含將他從自殺中救回。
- **天堂與世界之間的方舟**，代表著停留或離開世間的兩極。
- **燈塔**，代表著希望。
- **年輕的男孩**，顯示出他還太年輕不該早逝。
- **樹梢上的老鷹**，代表著在天堂裡快樂的諾亞。
- **蝴蝶**，是在天堂裡的人，而天堂是個案想去的地方。
- **巫師**，代表著上帝。

🍀 盲目樂觀的人

個案描述她的景象所出現的第一個象徵是**盲目樂觀的人**。個案說：

我在河中的一條船上，我是那種盲目樂觀的人，因為我感覺我好像不知道諾亞發生了什麼事情，也錯過了一些事物。我不曉

得是不是一種否認或諸如此類的。但是現在回過頭來看,當然我覺得像個失敗者。所以,盲目樂觀只是一種方式,代表著沒有和真實發生的事情有所接觸。

假設你已經看過了DVD,你可能也已注意到**罪惡感**是這個療程中非常重要的主題。個案會對自己感到罪惡和內疚是因為自己未能理解、也錯失一些事情,以及未能去接觸和了解發生在她兒子身上的事情。遺憾的是,在家庭中有藥物濫用議題的青少年,去理解或是了解他們發生什麼事情是非常困難的,因為青少年通常擅於隱瞞家長,而且會對於藥物濫用本身或其他相關議題撒謊。覺察和了解對每一個人來說都是一種挑戰,但是對這個個案而言,其他幾個因素讓情況更為複雜。

🍀 橡皮圈和溺水的男孩

在個案的景象中——盲目樂觀的人拿著橡皮圈,而男孩橫躺在水面上,有橡皮圈環繞在他的脖子上——有一組的象徵物構成了下一個議題。個案說:

> 橡皮圈是我試圖要去救諾亞。你知道的,我曾有個夢是試圖去救他,我想要救他。他溺斃在橋下的水中,而環繞在他脖子上的橡皮圈表示他是窒息而死的。

療程中的這個時刻是非常痛苦的。儘管在療程的這個時刻之前好幾個月,我就已經聽過她談論關於她兒子的自殺,我感覺一些個案所感受到的痛苦,而且有一部分的我想將痛苦給拿開。當我看著這部分的摘錄:「我想要救他」,我注意到個案使用現在的時態,顯示出她現在仍想要去救她兒子。

🍀 天堂與世界之間的方舟

接下來，個案開始轉變成在這裡與在天堂之間的掙扎。

　　我在方舟上的原因是因為我卡在兩個地方之間。我想要在另外一個世界裡，輕鬆而且沒有痛苦。所以，這一邊是天堂，而這一邊是世間。

當我在發表時播放這段DVD，有一些在觀眾席的治療師關注於此個案有想要自殺的感覺和想法。我同意這會是一個議題，對我來說，在這療程中更凸顯的是她所經驗到的痛苦。她提到另外一個世界是沒有痛苦的，因為痛苦的經驗讓她想要逃離，當然，有一部分也是她想要和她的兒子在一起，因為她非常想念他。

🍀 燈塔

　　下一個個案所聚焦的意象是燈塔，代表著希望。個案說：「距離遙遠的燈塔代表的是一種希望，因為我現在感受不到太多的希望。」如她所說，燈塔位在沙盤的另一端，她注意到希望距離她是遙遠的。她說她感受不到希望。缺乏希望是一個議題，我們會在後續的療程中聚焦。如同我上述所提到的，每一個象徵是如此的重要，以至於每一個都能夠花上一整個療程來聚焦討論。希望是個案一個很重要的議題，特別是對於哀傷或憂鬱的個案。缺乏希望這個議題是很複雜的，因為在她兒子死前，這也是她的一個議題。她的希望有所變動已持續了一段時間，使得這個議題在她兒子死後顯得更加沉痛。

🍀 年輕的男孩

下一個出現的議題是她兒子的早逝，她兒子在男孩的階段就過世了。當她談論到這個議題，帶出了稍早之前失去她兒子的議題。

> 諾亞是年輕的男孩，而不是男人，因為當我想到十六歲的年紀，還不算是……他還是我心中的那個小男孩。雖然他看起來像是個男人，但是他在我心目中仍是個小男孩。僅擁有他十六年是不夠的，而我在他還是男孩的階段就失去他了。

🍀 樹梢上的老鷹

接著，個案將焦點轉換到沙盤的遠端，那裡是天堂。她兒子也在沙盤的遠端，她選擇了一隻在樹梢上的老鷹代表她兒子。

> 所以，在天上，諾亞……你知道他很喜歡大自然：露營和樹屋。所以諾亞是那隻老鷹，他現在飛得很高，而且很開心的站在樹梢上。這讓我想到一首歌〈乘鷹翅膀〉。你知道我們在他的葬禮上曾播放這首歌曲。祂要將你乘鷹翅膀升高，所以他現在會很快樂。

在後續的章節我會討論到她兒子在天堂中很快樂的意象是很重要的，主要有幾個原因。第一，她想要和她兒子在一起。第二，天堂對個案來說是沒有痛苦的。最後，個案的一些朋友鼓勵她要多關注在兒子的快樂，而且少關注在自己悲傷的感覺。

🍀 蝴蝶

其他的蝴蝶代表著在天堂裡的人們，和他一起享受著天堂之樂。而我也想要去那裡，我不想要等到我七十歲或是之類的。要能和他在一起所要等候的時間太長了，這好像是很長的一段時間。

在某方面，這個象徵和天堂與世界之間的方舟是很類似的，因為它代表著身處在天堂之中，而天堂是多麼享受的地方。個案再次提到她想要和她兒子在天堂相聚。

🍀 巫師

個案詳細地討論過幾次關於上帝的議題，像是不公平或是平安。

接著是上帝，從那時候開始到現在，我對上帝仍感到憤怒，上帝就像是個巫師，而所發生的一切似乎是沒有規則可循。我大受打擊似乎是不公平的，就像我曾跟你說，我是一個虔誠的基督徒，而且我一生中從未做過任何的壞事。你知道的，我以為我會很平安。因此，我沒來由地受到了打擊，這是很不公平的，所以我必須得要找到方法回到上帝身邊，並且信任上帝。但是你如何能夠信任上帝呢？你在聖經裡讀到，祂會保守你平安。接著，在類似這樣的事情發生之後，你會說：「聖經說祂會保守你平安。」結果祂並沒有保守我們平安。

　　很顯然，這個主題是很困難的，因為個案覺得自己被上帝背叛。幸運的是個案和我曾花費很長的一段時間來討論她和上帝之間的關係。當我們談論這個話題時，她能夠與我自在地談論上帝，同時也會感受到被理解和被支持。

　　當然，我不會告訴她就她的信仰來說什麼應該做，或什麼不應該做。當她兒子自殺的時候，她也失去了一些上帝會持續保佑她的信念。我會在「悲傷」的章節中談論更多關於這個議題。

　　我希望有關沙盤中大多數象徵的討論是有幫助的。在下一章，我會聚焦在人本取向的催化覺察以及和感覺工作。接著，在後續的章節中，我會討論到兩極、抗拒和悲傷。

🍀 摘要

　　在本章，我的目標是介紹沙盤治療處理的主題。我描述了創作沙盤的階段，這是非常重要的。最後，我介紹人本取向的沙盤處理，同時討論個案在 DVD 療程中所運用到的許多象徵。人本取向的沙盤處理較多此時此刻，較少聚焦在沙盤，而是多聚焦在個案身上。

第 **6** 章

催化覺察與改變的沙盤經驗

如果你聽到內在的聲音對你說「你不會畫畫」，接著你運用所有的方式來畫畫，那麼這個聲音將會消失。

—— 梵谷（*Van Gogh*）

🍀 探索的過程

就如同我在先前的章節所提到的，我和個案在沙盤治療處理階段的主要目標，是在**催化探索、表達、覺察和發現的過程**。在本章，我的目標是討論一些有關於覺察和探索的想法，同時提供一些策略的敘述和說明，而這些策略是用來催化個案的成長和覺察。很特別的是，我將會討論停留在感覺中、描述感覺和深入個案的覺察與感覺的策略。

即使在處理階段之前，在創作階段建立起探索和發現的氛圍，而當個案看著物件的時候，同時也能夠發現與它們之間的連結。有一些個案會在物件排列的過程中迷失掉他們所想要排列的方式。如果創作階段對個案來說是有意義的經驗，如果他們看見或思考到他們生活的層面，是他們平常

不會去注意的，那麼處理階段就已經在個案的內在開始了。當個案讓自己去經驗創作的階段，之後進入到口語處理的階段就會更加的自然。現在讓我們聚焦在一些沙盤治療的處理階段之中，催化覺察和成長的想法、概念與策略。

🍀 改變理論

我想先藉由改變理論的提出來開始討論催化覺察和改變的想法。**除了我是誰之外，我改變不是透過我努力想成為某一個人，我改變是透過充分地覺察到我是怎麼樣的人**（Carson, 2003）。雖然在許多的諮商理論之中有幾個改變理論，這個改變理論有幾個涵義。讓我們聚焦在其中的兩個：自我接納和自我覺察。如果我不必去成為我不是的人，我就能夠接納我自己。換句話說，這個理論能夠提升自我接納。如果我真的相信我核心深處的本質是能夠被接納與 OK 的，那麼自我覺察是一件好事，但是許多人並不相信如此。然而，如果我相信真實的我是不能接受的，那麼了解我自己就不會是一件好事。事實上，如果我相信真正的我是誰是無法接受的，那麼就能夠理解為什麼會避免去了解我自己。

但是如果我相信改變理論，我就不用去成為我不是的人，而我的改變只透過充分地覺察，所以自我覺察是關鍵。如果改變和成長是以意識知覺到為前提的話，那麼治療師就需要非常有效能地去提升個案的覺察。我的改變是透過完整地覺察我是怎麼樣的人，如果這是真的的話，覺察就是改變歷程的關鍵。

🍀 覺察的障礙

相信我們很多人在某種程度上都會覺察自己，但是我們也傾向於去否

認、逃避和分析。特別在我們的文化中，人們相當善於不去思考事情、逃避議題與停留在他們的舒適圈當中。許多人們喜歡舒服的謊言勝過於痛苦的事實（Jones, 1989）。另一種傾向是我們會**相信**關於自己的謊言。我們全都已經吞嚥下了對自己自我設限的概念（Carson, 2003）。許多人相信自己不夠強壯、不夠漂亮、不夠聰明等等，類似這樣的謊言難以去動搖。我曾認識幾個人，他們所相信的事情很接近下列所述：如果我是真實的自己，而不是讓其他人看到更好的自己，那麼其他人就不會喜歡我。多麼難以背負的信念！有確認這種信念的經驗是很容易的。不論是怎麼樣的謊言，自我覺察都會允許個案過關。我不想要傳達這方法是容易的，但是我們卻可以停止去相信這些自我挫敗的謊言。

事實上，自我覺察並不容易。就某種程度來說，我們都沒有覺察到許多關於我們自己的事情。舉例來說，當我陷在達拉斯的車陣當中，尤其是在如果我很匆忙的時候，我會容易對其他的駕駛生氣，這位駕駛開得太慢了，另一個駕駛太粗魯也太激進了等等之類的。妨礙我覺察的一個習慣就是當我處在這樣的狀況之下，我傾向聚焦在其他的駕駛，而非聚焦在我自己。換句話說，在車陣當中，我不會去思考到我是如何讓自己生氣。取而代之的是，我會去責備其他人。很顯然，這個習慣是不負責任的，而且除非我能夠去掌握我自己，否則我不會有任何機會去擁有和調適我的生氣。事實上，生氣通常根本就不是真正的議題。通常真正的議題是害怕，害怕往往是對我們造成限制和妨礙的最主要議題。

❧ 創造我自己的經驗

學習如何去調適一個人的經驗是個挑戰，但是我們大多數人可以做到某一種程度。大部分的人會使用自我對話來讓我們自己冷靜，而有些人會運用想像來作為情緒調適的方法。然而，我僅遇過少數人，能意識到我們能夠真正控制自己經驗的程度。**在很大的程度上，我創造我自己的經驗**

（Carson, 2003; Rohr, 1999）。再強調一次，在很大的程度上，我創造我自己的經驗。當你我處在壞心情中，除非我們身體不適，否則在很大的程度是因為我們有想像的事物、思考的事情，或者聚焦在某件事情上，所以造成了那樣的心情。負向的心情和我們內在發生的事情比較有關，而不是外在。我們不是被風吹動的小草，這個觀念是一種自由的觀念。如果我能夠創造我自己的經驗，我也就能夠去改變，同時學習去調適。

很顯然，外在的事件和環境對於自我調適有**直接**的影響。受暴婦女不感到焦慮，是因為她們不擅於自我調適。她們生活在難以忍受的狀態之下，她們的生命可能處在危險之中。當然，兒童虐待和老人虐待會是其他案例，是對自我調適有直接影響的經驗。但是大多數外在世界對我們只有**間接**的影響。我們如何看待外在事件會對於我們內在世界的經驗有非常重大的影響。

在諮商員／治療師和許多其他人，有一個廣為人知的信念是：一個人對於外在事件的知覺對於個人的影響會多過於事件的本身（Mosak, 2005）。一個相關且被廣為接受的想法是：過度的擔心會造成個人壓力程度的增加。如果這些信念是真的，那麼自我調適是非常的重要。作為治療師，如果我們能夠提升個案自我調適的能力，個案將會更能夠掌控她的心情和壓力程度。很顯然，個案有越多的覺察，就有越多的機會讓她能夠去調適自己的內在經驗。

罪惡感對許多個案來說是很普遍的經驗，而且通常和自我調適有所關連。個案會相信是他們自己、他們的角色和義務造成他們的罪惡感。在DVD 中，個案所經驗的罪惡感是很重要的議題之一。就我的臨床經驗來說，我注意到罪惡感是家長很常見的議題，特別是在母親身上。如果你是家長，也許你對於教養的議題會感到有些罪惡。也許你曾想過你應該要多花點時間在孩子身上。或許你也曾經想過，在如何處理一個議題或狀況之中，你應該要更加堅定或是少一點嚴厲。教養孩子是一種挑戰，如果有壞事發生在我們的孩子身上，特別是如果我們的孩子遇到嚴重的問題，經驗到重大的失敗或是犯了一個嚴重的錯誤，對家長來說，很常見也很自然地

會感到罪惡和自責。有鑑於作為家長感到罪惡的這個脈絡，如果你選擇做一些你想做或者你需要去做的事情，而那些事情會帶給孩子負面的影響，像是離婚，那麼你可能會長期在罪惡感中掙扎。

當家長因孩子自殺而失去孩子，我知道任何的家長都會感到強烈的罪惡感，而且可能持續許多年。在 DVD 中的個案是一位婦女，在她兒子自殺之前，她很容易感到罪惡。就像許多的家長一樣，她沒有做錯事，但有時候她會感到罪惡，所以，在這樣的經驗之後——因兒子自殺而失去兒子——她甚至比一些母親更容易感受到罪惡感。

當我和在罪惡感中掙扎的成人或是較年長的青少年進行沙盤療程時，有時候我進行的方式如下：讓我們假設，個案在一些關係議題中經驗到罪惡感，且已經在沙盤中描述過了。我會問：「當你現在想到這個，你會感到罪惡嗎？」如果個案說是，我會問：「罪惡感對你來說像什麼？」在個案描述完感覺之後，我會問：「如果你現在想要感受到更多的罪惡感，你會怎麼做？」雖然有時候個案會看我一下，意味著你一定是在開玩笑，而有時候他們真的會這麼說。他們一般都會願意繼續下去，因為他們相信我的意圖。請記得，我不會和個案使用沙盤，除非我已經和他們工作了一段時間，而且他們對我有相當深厚的信任感。

在個案告訴我如何讓她感到更多的罪惡之後，我會邀請個案讓她自己感到更加的罪惡。有時候個案會問我，我的意思是不是要她現在就這麼做。接著，一旦個案意識到所有我邀請她做的事情，是她也常常在她的腦海中對自己做的事，她可能會大聲地說：「你不應該那樣做，那是很自私的。」接著我會問個案：「你對你自己做這，對你來說像什麼？」許多個案會這樣說：「噢，我一直對我自己這樣子。」

還記得我所提過的改變理論：**除了我是誰之外，我改變不是透過我努力想成為某一個人，我改變是透過充分地覺察到我是怎麼樣的人。**如果個案能夠覺察到她是如何讓自己感到更加的罪惡、生氣或是更多的焦慮，而且如果她能夠學習到一些她所擁有的其他選項，當她變得更能覺察到所作所為對自己的影響，她就能夠**選擇**不要這麼做。

事實上，在許多次沙盤的療程中，個案讓自己感到更罪惡之後，我會問她如何讓自己感到較少的罪惡感。很多個案甚至在這部分是沒有問題的，因為他們努力去控制他們的自我對話。但是大部分我曾工作過的個案，他們知道如何運用自我調適，但卻不會經常練習。我們大部分的人似乎都很熟練地讓我們自己感覺不好更勝於讓自己感覺良好。

擁有（自己的）感覺

另一個與自我調適相關的概念是**擁有你特有的感覺或經驗**。我的一位朋友 Jerry，多年前他是 Carl Rogers 所指導的博士學生，他告訴我一個關於他們兩個之間交流互動的故事，而當中 Rogers 對 Jerry 感到生氣。Rogers 告訴 Jerry 為什麼對他如此的生氣，然後 Jerry 對自己的所作所為向 Rogers 道歉。根據 Jerry 的說法，Rogers 說：「我不是說你做錯了什麼事情，我只說我對你很生氣。」我特別喜歡這則故事有幾個原因，其中的一個原因是我認為能夠用來說明擁有自己感覺的概念。在我們的文化中，要為個人的感覺負責似乎是比較少見的。人們似乎會為了數不清的事情來相互責怪。「你讓我很生氣」、「如果不是因為你就不會……」指責他人在我們的文化中似乎是一種相當普遍的作法，然而對個人的感覺負責似乎是相當少見的。

現在讓我們暫時回到覺察。在引言人本取向之介紹時，我說過對於覺察的第一個反應就是焦慮的增加。更多的自我覺察會讓人感到不安。在 DVD 的療程中，你將會注意到個案進入和離開她的感覺，同時也害怕去感受這些感覺。如果你作為一位治療師，邀請個案超越她目前覺察的層次，冒險進入深層的經驗和情緒，你可以預期個案的感覺會是不舒服與害怕的。因此，很重要的是當運用這種方法介入，不僅是用來催化覺察，同時也要回應害怕和防衛。之後我會用單獨一章專門探討抗拒，當中包括深度的討論如何回應害怕與防衛。此外，在 DVD 中，我也會示範如何回應個

案的害怕。

　　就如同我們之前所提到的，Rogers（1989）說到最有影響力的同理回應就是當治療師不僅是澄清個案覺察到的意義，同時還有**覺察層次底下**的東西。在這個章節中，後續的討論我們將會聚焦在幫助個案超越或者深入目前覺察層次的方法。在下個部分，我們會特別聚焦在感覺，以及如何幫助個案更深入她的感覺。

🍀 不一致

　　在第 3 章，我談論過治療師真實的重要性。幫助個案變成真實同樣的重要。通常當我和個案在進行沙盤時，他們很容易用其他方式和自己的感覺保持距離。除了否認自己的經驗之外，他們通常說是一回事，所經驗到的又是另外一回事。這種傾向最普遍的例子就是當個案生氣、受傷或害怕的時候，卻面帶著笑容。和所有的人一樣，個案會想要讓一切都在掌控之中。在他們的日常生活中，當他們生氣時的微笑是有其目的的。真實就是要能夠一致，而且治療中的價值之一就是能夠獲得一般在治療室外所得不到的回饋。

　　當個案出現不一致的時候，我一般會做的就是提出這件事讓他們注意到。我會說：「我注意到你笑著說這件事，但你似乎有些受傷。」有時候，我所要做的就是幫助個案對照她所說的話和身體的反應。然而有些個案不一致的狀況已經有一段時間了，而且已經很習慣這樣疏離的行為，以至於要鬆手這樣的習慣對他們來說是感到威脅的。假設個案對我有足夠的信任，我會這樣說：「你能夠不帶笑容的再說一次嗎？」通常如果個案對我有足夠的信任，這樣溫和的推動將會幫助他們開始能夠更加的整合和一致。

🍀 深入感覺

在處理沙盤的療程之中，充分地經驗感覺的價值是什麼呢？事實上，允許自己充分地經驗感覺有幾項好處，第一，對於進入我皮膚的東西能感到自在是一個議題。我能夠多麼舒服地擁有我的經驗？我稱這樣的經驗為與我自己一同在家（being at home with myself）。平和地與個人議題相處是無價的。我有築一道牆來隔開我某些經驗或是我能夠學習去更深入這些經驗嗎？第二，它和一項所發現到的自然法則有關：**為了要能向前通過經驗或感覺，我必須要充分地經驗。**Rogers（1989）提到，一旦「不安感覺的深度和廣度充分地被感受到，一個人就能夠前進。這是改變過程中很重要的部分」（p. 151）。

大多數曾和我工作的個案如果他們允許自己去經驗的話，他們會只去經驗一部分不愉快的感覺。這樣的趨勢會導致未竟事物（稍後我們會再討論），而這是我們每個人都有的。未竟事物是一種尚未充分經驗的感覺，且會影響到未來與他人的互動。對很多人來說，充分地經驗感覺是非常可怕的，因此大多數人都會停止去感覺。舉例來說，多年來我見過大多數在私人執業中的成人個案都是女性。當她們在療程中哭泣，眼淚從她們的臉頰上落下，她們會拿起衛生紙來擦拭眼皮。她們鮮少會放聲大哭，她們會壓抑痛苦的流動。為什麼這些個案會這樣去停止她們的感覺？我認為有幾個原因，而害怕放手與失控會是我清單上主要的原因。面對我們的感覺是需要勇氣的，但是如果我們能夠面對我們的感覺，同時允許我們充分地經驗感覺，我們就能夠穿過感覺前進。

我喜歡運用努力讓海灘球保持在水中的譬喻。如果你曾經嘗試過，你會知道這有多難。但是我們很容易對我們的感覺做同樣的事情。我們只讓少許的淚水流下，盡可能努力地去保持鎮定。我們的肌肉會緊張，呼吸會抑制，同時我們的焦點也會轉移到其他地方或是想法。我們會將感覺壓下

或至少努力維持在控制之中，因為我們相信如果我們讓感覺出來就會有一些壞事發生。我們讓海灘球浮出接觸到少量的空氣，然後又努力地將海灘球推回到水中。

不允許自己充分地經驗感覺所造成的問題是，如果沒有充分地去體驗，痛苦和恐懼會永無期限的持續下去。你可能知道某人掙扎於未解決的苦痛已經許多年，甚至十幾年了，我曾遇過抱著怨恨度過餘生的人。對許多人來說，放手是很困難的，因為大部分的人們在某種程度或其他方面都傾向去避免它。但諷刺的是，當人們停止他們的感覺，他們認為他們正在做的是有幫助的事情。許多個案耗費大量的精力去保持控制與避免失控。

就如同我先前曾提到的，這個取向的沙盤治療並非適用於每一位個案或每一位治療師。個案不能夠充分地經驗他們的感覺，是由於經驗到嚴重的創傷、虐待或早期原生家庭的議題，像是依附議題。有一些個案會感到被自己的感覺所淹沒，所以他們會害怕經驗這些感覺。如果個案曾遭受到嚴重的創傷或虐待，她可能會有非常大的困難去允許自己感受她的感覺。有人格疾患的個案可能無法充分地去感受他們的感覺。一般來說，在日常生活能夠與他人連結且運作良好的個案是能夠充分地感覺，但是治療師與創傷的族群工作應該要特別小心，不要要求個案去做他們做不到的事情。

有一些沙盤治療師不會邀請個案讓他們自己感到更加罪惡或是聚焦在個案的呼吸，這是因為哲學上的不同。請記住，人本取向處理沙盤只是操作的方式之一，其他的取向也是有效且具有治療性的。我相信人本取向是催化覺察最好的方式，但我必須承認我是有自己的偏見的。

要處理深度的感覺是很困難的。無論對個案和治療師來說都很困難，因為這方面的工作會有些難以預料。當我們在本書的最後談論到訓練，我很強調當治療師在進行深度工作的時候，發展信心和能力感是多麼的重要。我在個案和一些受督者身上發現，他們特別偏好在感覺附近游移，而非去通過它們。比較不痛的選項通常會是首選。有些人們會繞非常遠的距離來避開痛苦。對受督者來說，充分經驗感覺的額外獲益是他們知道深入感覺是多麼困難，所以受督者不會去要求個案要比他們自己願意深入的議

題和感覺走得更加深入。

　　現在我想要聚焦在**如何**與個案深入。試著想像一下你的成人個案現在正在婚姻中掙扎。你曾邀請她創作以婚姻為主題的沙盤景象。在她的景象中，她在沙盤一端擺放的物件代表著她的先生，而代表她的物件是在另外一端。當她在處理這個景象時，她說：「我不再愛他了，但是我很害怕離開他。」如果你曾經和伴侶或是和在婚姻中掙扎的個案工作，我很確定你曾經聽過類似這樣的描述。在這個取向的治療中，我們將這類的描述稱之為**兩極**（polarity）。其實我個人偏好用二元性（duality）這個名詞，但是這有點過時，所以在本書我會使用「兩極」這個名詞（Korb, Gorrell, & Van De Riet, 1989）。兩極包含兩個部分（更多兩極的討論會在下個章節）。個案有一部分不愛她的丈夫，同時想要脫離婚姻生活。她可能會經驗到愛的缺乏，像是深度的痛苦和寂寞。另一部分的她是害怕的，她可能因為經濟原因而害怕。她可能害怕失去所熟悉的一切，她可能害怕她無法靠自己生活。你曾注意到我們有多麼不願意離開熟悉的一切？她可能有小孩，而且害怕她離開的決定會如何影響到孩子。

　　面對個案這樣的描述，治療師能夠有無數的回應方式。你會如何回應呢？如果你想要個案更深入她的覺察，你**不要做**的事情就是要她**分析**她的感覺。個案無法在同一時間既分析又經驗其感覺。讓我再說一次，**個案無法在同一時間既分析又經驗其感覺**。大多數的我們都會想要知道**為什麼**我們會有這樣的感覺，而且我們很善於去分析我們的感覺。然而，就算知道為什麼會這樣感覺可能也改變不了什麼。分析感覺是認知的過程。就如同Yalom（1995）所提到的，反映和分析在經驗**之後**很有幫助的，但不是在經驗的當下。這個取向的沙盤治療，反映和分析的時機是在個案已經辛苦地完成停留在自己的議題或經驗之後。

　　對於個案已經不愛她的丈夫，讓我們來看看一些可能回應的選項。注意到個案在兩極中的描述是非常重要的。對治療師來說，一個回應的選項是去探問個案對這兩個部分（第一部分，不愛他；第二部分，害怕離開他）的哪部分比較有覺察到。我會說：「現在，你有更覺察到一部分是你

不愛他，或者害怕離開的那一部分？」我們假定她說她覺察到的部分是害怕。我會問：「你現在會感到害怕嗎？」如果她回答是，我會說：「向我描述一下，害怕像是什麼？」

　　有些個案在描述時會有一段困難的時期，因為他們沒有非常緊密地連結或是覺察他們的身體。**感覺是肉體上的**。我努力去幫助個案能夠更加覺察他們是如何去經驗身體上的感覺，以及他們如何去停止感覺。我會問上述的個案：「你哪裡感到害怕？」接著我會邀請她描述身體上的經驗。許多個案會注意到他們在收縮他們所經驗到感覺的區域。常見的收縮包括腹部或胸部的緊張。如果個案快掉眼淚了，常見到喉嚨或下顎的緊繃而自動停止眼淚的流動。個案就跟我們其他人一樣，喜歡控制。對一些個案來說，失控的害怕是難以忍受的害怕。我們將會在後續的章節更深入地討論這個主題。

　　在你成為沙盤治療師的發展過程之中，如果你將運用這個取向來處理沙盤，你必須要發展的技術之一就是個案概念化的技術。個案概念化的技術包括當個案揭露素材的時候，治療師知道要回應什麼（Bernard, 1997）。我們曾談論過兩極，但是當你是這方面的新手時，甚至要能夠注意到兩極是不容易的。我可以給你一個提示，那就是當個案在句子用到「但是」這個詞時，通常就有兩極包含在其中。舉例來說，「我想要減肥，但是我沒有什麼動機」，或是「我恨我的妹妹，但是她是我妹妹」。兩極的辨識需要練習和訓練。

🍀 停留在感覺之中

　　人本取向假設沙盤治療師與個案工作時，要持續讓個案聚焦在感覺或議題上面。沙盤的優點之一是物件的排列和沙盤容易催化個案的覺察，同時讓個案更聚焦在他們的議題上。許多個案將會帶出他們的議題，同時做任何他們所能做的事情來避免去經驗與議題相關的感受。個案為什麼會這

樣做呢？對於這種趨勢一種可能的解釋是，個案正處在議題的一個極端。他們會想要帶出議題並加以解決，但是他們不想要經驗到痛苦、害怕或其他與議題相關的感覺。許多個案困在他們的議題之中，要能夠解脫是非常困難的。

慶幸的是，沙盤本身能夠協助治療師去處理這種兩極的議題。個案越觀看著沙盤，就會越了解她的議題。正出現在你面前的事物是很難去躲避的。有經驗的治療師會帶個案回到重要的議題，而沙盤本身就能夠幫助治療師做到這樣的工作。

🍀 深入感覺的技術

情感反映

我曾經有八年的時間督導學習諮商的碩士生和博士生，我注意到情感反映（reflection of feeling）的技術大部分都相當精熟。對於那些曾學習過回應非口語線索的治療師，情感反映是幫助個案深入他們的感覺和覺察非常有影響力的方式。如果治療師能夠注意到一個隱微且個案尚未覺察到的感覺，這時情感反映會更具有催化性。就如同我先前所提到的，同理性的了解能夠向個案傳達出這份了解。正確的情感反映是向個案傳達同理最好的方式之一。

兩極的辨識

我們曾在某個程度上討論過這個技術，下一章我將會作更深入的討論。但是幫助個案深入他們的感覺非常重要，如果治療師能夠辨識兩極並與其工作，個案就能夠去探索那些未曾探索過的感覺。個案的探索會導致新的覺察發生，同時幫助個案能夠自由地作出真正的選擇。

　　兩極很重要的另一個原因是，能夠幫助治療師更了解個案及其問題。了解兩極也能幫助治療師更了解改變的本質。如果治療師認為個案會減肥成功，如果「她真的」想要這麼做，治療師就不是真正了解這個個案。一個想要減肥但卻無法做到的個案，她正掙扎於自我的兩個部分：一部分想要改變，而一部分不想要改變。如果治療師能夠了解一部分的個案是不願意去改變，治療師將能夠更有耐心地陪伴個案，同時也能夠提出他們的不願意或害怕。

此刻經驗的描述

　　我曾督導過的許多治療師都掙扎於如何真正去探索感覺。在沙盤治療中，知道如何探索感覺通常更為重要，因為沙盤經驗是能夠喚起感覺：它會帶出感覺。沙盤治療師將有許多的機會和感覺工作，因為感覺將會浮上檯面。然而，許多治療師會認為他們正在探索感覺，而他們卻正在做出相反的事情：從感覺中離開。

　　許多時候當治療師認為他們正在探索感覺，但實際上他們在分析感覺。即便是資深的治療師也會犯這種錯誤。當治療師的問句像這樣：「你在氣什麼？」他們正在催化感覺的**分析**，而非是感覺的探索。請記住，你無法同時既分析又經驗感覺。治療師常使用的另一種催化性回應是：「你生氣是因為……？」這個問句就如同先前的問句，具有同樣的效果：離開了感覺，同時將個案的焦點轉換到她的認知層面。

　　相反地，問句像是：「你的生氣像什麼？」則幫助個案聚焦在他們的感覺上。就如同我先前提到的，有一些個案對於這些問句會感到困難，但是這樣的問句能夠幫助他們聚焦在他們的**經驗**，而不是「為什麼」他們有這樣的經驗。如果治療師聚焦在「為什麼」有這種感覺，個案會離開感覺，轉移到她的想法。另一個選項可以這麼問：「向我描述一下這個感覺。」同時，還有其他可能的問法像是：「當你感到生氣的時候，你會注意到身體的哪個部位？」如果個案說她的胸口很悶，我會說：「可以向我

描述一下胸悶嗎？」

所有我建議的催化性回應能夠幫助個案聚焦在她的經驗。如果你想要你的個案停留在感覺之中，這也是許多治療師都想要做的，身為治療師，你的焦點要在個案的經驗上。如果你邀請個案描述她的經驗，她就不會去深入到她的腦袋（註：認知思考）。她可能會努力描述她的經驗，因為她之前從未這樣做過，同時她也不會去深入到她的腦袋。當我督導不同層級的受督者，他們通常不會覺察到為什麼個案深入了自己的腦袋，但是他們知道個案確實深入其腦袋了。

透過 DVD 的療程，你會注意到一些事情是：我會關注個案的**非口語**行為，並且加以回應。如果我注意到她聽起來或看起來有些難過，或者像是她正感到痛苦，我會對此加以評論。我會說：「看起來你現在正在感覺。」在人本取向沙盤治療中，回應非口語的線索是必要的技術。治療師每一刻都努力與個案同在。了解個案正在經驗到什麼的最好方式之一就是：密切地關注個案非口語的線索。

在 DVD 的療程中，剛開始的階段，我邀請個案描述她的經驗。我問她：「創作這幅景象像是什麼？」我幾乎快犯下了一個錯誤去問她這像過去的什麼，但是我克制住自己。我選擇聚焦在當下而非過去，同時我想要她聚焦在她的經驗，而非用任何的形式去評價她的經驗。接著，個案說道：

> 創作這幅景象甚至讓我感覺到一些感覺，就像我正在表現這景象。好像我已經感受到它們了，雖然我還沒告訴你這個景象。我已經感覺到這些令人傷痛的情緒，因為那些是痛苦的情緒。

看著她回應的文字版本會遺漏掉她聲調上的痛苦。儘管在療程中她談論關於創作的階段（這發生在幾分鐘之前），而這一刻她仍感受到痛苦。

在DVD中的片段 3，我注意到個案看起來有些難過，我問她：「現在你注意到些什麼？」我沒有邀請她去描述她的經驗，就只是去注意。這個

回應顯示出我注意到她感覺到一些事情，同時幫助她聚焦在此時此刻的經驗。她的回應顯示出在沙盤中感受到的兩極化經驗。「我害怕我會太傷心。你知道我努力讓自己遠離過度的傷心。所以，你知道我正被拉扯在與傷心同行，以及努力遠離傷心之間。」

語言

　　個案一般都會運用語言來讓他們遠離自己的感覺。這種「語言距離」的一個例子就是當個案正在談論他們自己的時候，使用第二人稱來描述。大部分的情況下，當 DVD 療程中的個案在談論她自己或她的經驗時，都會使用第一人稱來描述。然而，許多個案不會使用第一人稱。如果作為治療師的你想要你的沙盤個案有這樣的經驗，讓個案使用第一人稱是很有幫助的。在瀏覽過DVD療程的逐字稿之後，我覺察到只有在一個片段之中，個案用「你」這個字來取替「我」。個案談論到她想要拯救她的兒子，她說：「就像我的那些夢境，你很想要去救他們，你幾乎是想衝過去救他們，但你救不了他們。」我想要她多經驗她的描述，所以我回答：我想要你再說一次，但這次是用我來取代你，說「我很想要……」

　　當我運用催化性的回應，我會努力讓自己明智地去運用。我不想要讓個案感到我是在糾正他們，但是通常有些個案很容易使用第二人稱。不論他們這樣說是否有所自覺，但是使用「你」這個字是他們遠離自己經驗的一種方式。

　　另一種形式的語言距離是個案使用過去式取代現在式。或許你還記得，當我給予個案一些說明關於我想要她如何創作她的景象，我告訴她創作一幅她現在的生活。個案在創作完他們的景象之後，我們開始處理沙盤，當個案告訴我所創作的景象時，他們通常會避免使用現在式。許多個案不想到談論到目前的時刻，他們會加以避免。甚至當他們談論到目前的經驗，他們也會傾向使用過去式。我會問個案：「你難過的感覺像是什麼？」很常見的是個案以五分鐘前的經驗來談論她的難過，但她是使用過

去式，而不是她目前的經驗。我會努力溫和地引導個案進入現在式。

上述兩個個案運用語言的議題連結到本章之前我所討論到的概念：**擁有你的感覺或經驗**。另一個個案運用語言的議題，與擁有他們經驗有關的是「不能」這個字的使用。有一些個案非常喜歡不能這一詞。當個案相信他們不能做到某些事情，他們時常會實現他們自己的預言。就像這個例子，想像一下當個案在處理她的沙盤時，她說：「不論我怎麼努力，我就是不能瘦下來。」我會建議個案再說一次，但是這次要使用「不會」來取代「不能」。個案會認為這很奇怪，但是當他們這樣說，他們會注意到在他們經驗之中的差異。「不會」是一種選擇，而「不能」卻不是。

明顯性的強調

在抗拒的章節中會涵蓋這個技術，但我在這裡簡短的提一下。明顯性的強調是用某些方式來誇大經驗。一個誇張經驗的例子是當我邀請個案讓她自己感到更罪惡。在那個例子之中，誇張個案經驗的一個潛在好處是，她能夠開始意識到她可以選擇是否要讓自己感到更糟糕。

另一個強調明顯性的例子是，讓個案重複她所說的重要描述，許多個案說到重要的事情時，會倉促地完成描述而沒有經驗到任何的感覺。就如同我之前提到的，他們可能會努力地談論議題，但卻對議題沒有感覺。回到那位不愛她先生的個案，讓我們假設她告訴治療師她不愛她的先生，但是當她說到這裡，她並未經驗到任何的感受。如果個案說得很快速而沒有任何感覺，我會邀請她再說一次。Polster 與 Polster（1973）稱之為強調其存在性（accentuation of that which exists），這樣的重複能夠幫助個案去經驗描述背後的感覺。

在 DVD 片段 30 的療程中，個案說：「我想你，諾亞。」接著我說：「你為什麼不再說一次。」於是她說：「我很想你。」當然，重複的重要在 DVD 中是非常明顯的，因為你可以看到邀請她重複的描述是如何影響到她的情緒。當我在 DVD 中邀請個案重複這樣的描述，比起上述的例子

我有不同的原因。當她說「我想你，諾亞。」當她這麼說的時候，她也正在感覺。我想要重複這段描述的原因，是因為這段描述本身的重要性。我認為這段描述掌握到許多我們在療程中工作的基礎。

身體的覺察

當你看到 DVD 的療程，你可能已經注意到我邀請個案去注意她的身體。在片段 27，個案描述完她的沙盤之後，我邀請她注意她的身體（片段 28）。我說：「我想要你注意你的身體一會兒，然後告訴我你現在從身體中覺察到什麼。」如果你有注意到她的回應，她的感受有明顯的改變。她變得更能在此時此刻接觸她的經驗。聚焦的改變使得她更能覺察到她的感覺。她開始哭泣，而且似乎能夠到達她兒子議題的核心。在這個轉變之後不久（片段 30），她直接談論到她的兒子，並且說：「我想你，諾亞。」

在美國，許多人似乎和他們的身體失聯或脫節（Rohr, 1999）。在強調成就、成功和目標達成的文化之中，對我們身體的覺察並不會有特別的幫助。然而，當個案努力變得更能覺察以及修通感覺，這樣簡單的覺察就十分的寶貴。感覺是身體上的，我們在我們的身體之中經驗到這些感覺。

🍀 在此時此刻中工作

邀請個案注意她的身體發生了什麼事情是催化性回應的一個例子，用來幫助個案聚焦在此時此刻。在整本書中，你會注意到我常常談論到此時此刻。此時此刻的覺察是很有影響力的。Bugenthal（1999）將這種此時此刻的覺察稱之為「此刻的經驗」。Bugenthal 強調治療師和個案的工作「必須集中在什麼是現在發生的，而不是過去發生什麼或是可能會發生什麼」（p. 19-20）。Bugenthal 又說到個案目前的經驗是「治療師關注和行動的主要範圍」（p. 22）。我曾訓練和督導許多遊戲治療師，總令我感到困惑

的是身為遊戲治療師，他們之中有許多人在此時此刻中與兒童工作得相當出色，但是與成人工作卻顯得困難。不知怎的，當口語溝通變成療程中的焦點，許多遊戲治療師和成人諮商時就會離開當下，並且談論過去。

許多治療師都強調此時此刻的重要性。雖然 Rogers 不是使用相同的名詞，他稱之為當下，他聚焦於個案此刻的經驗。他談論他的當下，確實就是此時此刻中的經驗。我曾提過 Berg、Carson 與 Yalom 身為傑出的治療師，他們都很強調與個案在此時此刻中工作。甚至當治療師是相信此時此刻的，也都偏好於談論過去，但是要與個案停留在此時此刻仍是一個挑戰。

在 DVD 中我與個案的療程之中，我努力讓焦點盡可能聚焦在此時此刻，因為我相信它是最具有治療性。就如同我之前所提到的，在片段 3 我說：「我注意到現在你有一些這樣的感覺，現在你注意到些什麼？」在片段 8，我說：「所以，你現在感到有些痛苦。」

在片段 18 的後面，個案說：「我仍處在那個模式中，『兒子，你怎麼能夠這樣子對我？』我很確定這些日子中的一天，我將會到那一邊，在那裡我為他高興，我也很高興我與他共度所有美好的時光。但現在我不在那裡。」我回應她說：「現在，你像是什麼感覺？」她回應說：「我現在正受困於想要到某個開心點的地方與擔心安全感的痛苦之中。」在每個例子之中，我努力讓焦點聚焦在此時此刻。這並不容易，但是我相信這個個案會從中獲益，而且一般個案也會從中獲益。

🍀 倫理的考量

如同我之前所提到的，深度的工作像是與 DVD 中的個案工作並不適合每一位個案或每一位治療師。如果你是有經驗的實務工作者，你可能會有專業判斷來幫助你決定特定的個案是否能夠從人本取向沙盤治療中受益。如果你是研究所的學生或是新手的實務工作者，我強烈建議你要在督

導之下從事這類的工作。

　　在典型的人本取向沙盤治療的療程之中，個案在療程剛開始會在圖 6.1 U 型曲線的頂端。曲線的頂端（從左到右的移動）代表療程的開始，而曲線的底部代表著療程中一部分的工作，個案在其中會充分地經驗她的感覺。有些個案不會到達曲線的底部，因為他們停止讓自己去經驗他們的感覺。假設個案沒有充分經驗到她的感覺，沒有經驗到像 DVD 中個案所經

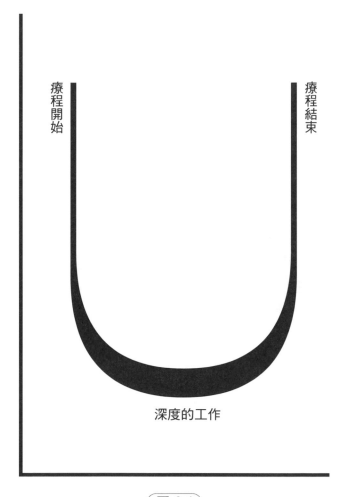

療程開始

療程結束

深度的工作

圖 6.1

驗到的，一般個案會停留或接近曲線底部大約二十分鐘左右。許多我曾工作過的個案無法經驗這樣的情緒強度超過二十分鐘。

在 DVD 療程中，你將會注意到一旦我們開始聚焦在思考—感覺的兩極，個案會開始回到曲線右側的頂端。這是個案很典型的表現，也是我的意圖。當你與深度的感覺工作時，你不會想在曲線的底部離開個案。如果你這麼做，個案會在離開療程時處在容易受傷的狀態，這會是一種潛在性的傷害。我們從不會想要做任何會造成個案傷害的事情。

在下個章節，我將會聚焦在兩極。將如你所見的，大部分個案的沙盤會有兩極的景象。一般來說，個案創作兩極的景象，像是他們扮演不同的角色或是不同層面的自己。學習和兩極工作對人本取向沙盤治療師來說是一項很重要的技術。

🍀 摘要

在本章我的目標是描述人本取向沙盤治療師如何與感覺工作。許多治療師認為他們正在增進感覺的探索，但實際上他們卻是在催化感覺的分析。感覺的分析與經驗不能夠同時進行。治療師能夠透過幫助個案擁有他們的感覺、了解到他們能夠在很大的程度上創造了他們的經驗，以及停留在此時此刻中來催化覺察。個案為了要有控制感而會有限制自己去經驗感覺的傾向，但是停止他們感覺的習慣會阻礙他們的成長。個案也容易去躲避此時此刻的感覺，以及談論目前的感覺和經驗。最後，我討論 U 型曲線在倫理和治療的重要性，並且在療程結束之前，讓個案回到因應的模式之中。

❋ 實務工作者的反思

1. 你對自己的自我設限概念有哪些？

2. 你如何與個案停留在感覺之中？

3. 在你難過、痛苦、生氣或害怕的時候，你習慣會做些什麼？

4. 你如何創造你自己的心情呢？哪一種心情是你很容易去創造的？

❋ 督導者／諮商教育者的反思

1. 你提供給諮商受督者的課程，在自我覺察方面的訓練經驗，你有多滿意呢？

2. 你的諮商受督者在此時此刻與個案進行工作的技巧如何？

第 7 章

兩極

　　這個主題已經討論過幾次了，但是我想要更深入討論這個部分。當你和個案在處理沙盤的時候，兩極的覺察，以及如何和兩極工作的知識可能會是你從本書所獲取到最有用的工具。在我本身與個案工作的經驗當中，以及我對許多諮商受訓者及有證照的諮商員之觀察，缺乏兩極的覺察對治療師和個案來說會是很大的挫敗。治療師可能會很挫敗治療沒有進展，而個案可能會感到被誤解。

　　沙盤中的景象幾乎總會呈現出兩極，或是兩種相對的傾向、部分、需要或渴望。事實上，我知道我所見過的沙盤都有兩極在其中。一般來說，沙盤景象包含數組的物件，而物件小心地被排列在沙盤中所挑選過的角落或區域。每當個案在他們的沙盤中使用到柵欄或圍牆，通常就有兩極的存在。研究生通常從地區上來分割他們的景象：家庭景象、學校景象，以及畢業或未來景象。沙盤中的障礙也是兩極的視覺描寫。我曾看過許多研究生的沙盤，我注意到以戰爭或是逆境為主的主題，這理所當然也是兩極。學生的一部分會感到被攻擊、受阻或被挑戰，同時學生的一部分會感到堅定、集中或持久。

　　為什麼注意個案的兩極和在沙盤治療中與他們工作會是有用的呢？與他們工作最好的方式是什麼？在這個部分，我將試圖回答這些問題，同時

澄清當我談論到兩極時，我要表達的意思是什麼。在治療工作中強調兩極的重要性，完形治療會是主要的治療取向（Korb, Gorrell, & Van De Riet, 1989; Polster & Polster, 1973）。注意到個案出現兩極最簡單的方式就是「但是」這一詞的出現。當個案在句子中使用到「但是」這個詞，通常就有兩極的存在。這裡有一些兩極的例子，個案會表示：

- 我想減肥，但是我沒有動機。
- 我很不開心，但是我害怕離開他。
- 我知道我應該＿＿＿＿＿，但是我不想要這麼做。
- 我需要去＿＿＿＿＿，但是我很難撥出時間。

希望這些例子能夠揭示出什麼是兩極的概念。當你邀請個案在沙盤中創作一幅景象，大多數的景象至少會有一個兩極在其中。有時候個案會將物件放到一個物件群組中來代表現在不愉快或是非常困難的生活環境。接著，個案會創造獨立的人物群組來象徵個案想去的地方。當個案以這種方式來排列物件，他們的景象基本上就是一種兩極：現在我在哪裡，以及我想要去哪裡。

另一種在沙盤景象中常見的兩極是：緊張的物件群組與平和的物件群組。我曾看過許多研究生所創作的沙盤，很多研究生在他們的景象之中都有這種兩極。有時候緊張與平和的兩極會涉及到關係：有一些關係是緊繃和困難的，然而其他的關係是撫慰的，而且有像家的感覺。當我與博士層級的受督者進行沙盤，一般出現在他們景象中的兩極是目前與未來。目前通常被創作成痛苦的場景，而未來是創作成令人嚮往的地方。另一個博士生典型創作的常見主題，是關於學校承諾與家庭承諾的景象。一般來說，學生們會因為花費太多時間和精力在博士的研究與學術活動而感到罪惡。

🍀 兩極為何如此重要

　　兩極在沙盤景象中的呈現能夠幫助治療師注意與回應個案的兩極。如同我曾提到的，**沙盤本身**顯示出兩極，而不同的部分在沙盤中多半被相隔開來。如果你身為沙盤治療師想要和兩極工作，但是卻無法輕易地看到兩極的點，那麼在沙盤景象中尋找吧。注意物件間隔的傾向如何與不同部分的景象有所分隔，同時傾聽個案告訴你關於景象的描述作為對照。

　　希望你已經能夠開始了解到兩極為何如此重要。讓我舉一個身為治療師但卻讓我感到挫敗的例子，來進一步回答這個問題。多年前，我和一位曾遭受到先生情緒上和身體上虐待的女性個案工作。她很害怕她先生，而且很明顯的是她需要離開他；她知道這一點，而我也知道。她對先生的改變失去任何希望。有一段時間，我花費大量的精力來努力「幫助」她到達她能夠離開她先生。雖然我花費了一段尷尬又冗長的時間才意識到這點，但我終於意識到我關心她的離開多過於她自己。現在回想起來，一切看來似乎是很明顯的，但是我當時還是個未能夠了解的新手治療師。

　　如果我在當時就知道兩極的話，這會是很有幫助。一部分的她想要離開，但是一部分的她卻又害怕離開。我曾親自在療程中見過她先生，而我感受到的他是一個難以預測、不穩定、聰明且情緒容易有波動的男子。他的原生家庭嚴重的失功能，他對於過往有無數的怨恨。有些時候，當我在他的身旁，我很難信任他，因為他的回應非常難以預測。

　　不幸的是，恐懼是我們生活中最有影響力的力量，同時也確實出現在個案身上。我從這位女性身上（她最後離開了她先生）學到一些事情。她是我的第一個個案，教導我**放掉我的工作議程規劃**。如果我詢問有經驗的人本取向或個人中心的治療師，誰的工作議程才是重要的？是個案的或是治療師的？他們可能都會回答個案的工作議程最重要。然而，實務上與個案工作時，一旦你和個案有所連結，擁有自己的工作議程非常容易，同時

也想要減輕個案正在經驗到的痛苦。我會投入時間要這位個案離開她的先生，是因為我認為這是她唯一能夠感到安全與快樂的方法。雖然最後她到達了她**準備好**的位置，同時也能夠離開，但許多受暴婦女無法離開她們的先生。對治療師來說，要領先他們的個案，同時努力讓個案前進到他們「需要」前進的地方是很簡單的。

所以，如果個案正在經驗到兩極，我希望我的例子能夠顯示出兩極很重要。矛盾是大部分個案的共同經驗。通常個案對於一般的關係、工作和選擇會有矛盾的感覺。如果個案說她很厭倦自己的肥胖，同時想要減肥，治療師和個案很重要的是要去覺察**部分**的她想要減肥，同時**部分**的她想要持續做她所做的事情。如果治療師認為她所要做的事情就是與個案討論她需要去做些什麼來減肥，那麼治療師與個案將可能會感到挫敗。

我的一些受訓者和學生曾說：「嗯，她看起來不是真的想要減肥。如果她真的想要減肥，她就會去做。」我不確定你會如何回應我學生所作的這種非黑即白的陳述，但我想跟他們說的是事情沒那麼簡單。改變不會是容易的，而行為的模式像是吃得過量，不是那麼簡單就能理解或是改變。如果我很胖，而有一個人（希望不是位治療師）跟我說：「如果你真的想要變瘦，你就會。」我會覺得受傷、冒犯和誤解。個案需要的是治療師了解許多的議題是複雜的，而改變是困難的。

在我將主題轉換到兩極的第三個問題之前，我想要討論兩件有關於兩極的重要事情。許多治療師想要個案接納他們自己。在治療之中，自我接納是許多理論取向的重要目標。但是個案無法接納他們所不知道的自己。如果想努力減肥的個案對她的治療師說：「我不知道為什麼我無法減肥，因為我真的很想。」這表示她沒有覺察到一部分的她正在破壞她的努力。所以與兩極工作很重要的觀念之一，就是幫助個案了解另一部分的自己，如此她才能夠去擁有和接納這個部分。雖然個案可能會認為破壞她努力減肥的部分是她負向的一部分，但是這個部分不是真正的負向。

很多人都會想要舒適、撫慰、安全和愉悅，但是有些人更善於用非自我挫敗的方式來發現這些事物。當我看到十歲以及更大一點的兒童，我會

告訴他們我的工作之一是幫助他們去發現用好的方式來獲得他們想要的事物。我用同樣的方式來看待這位吃得過量的個案。我的工作是幫助她以更好的方式得到她想要的，她所想要的事物不是主要的問題。她可能想要上述所提到的事物，而愛也可增列於她的想要清單中。食物無法滿足她的需要，但是卻能帶給她撫慰與舒服。另一種看待這個議題的方式就是一部分的她想要有樂趣。吃是很愉悅的，而許多人在他們的生活中沒有這麼多的樂趣。

在我們進入到如何與兩極工作的部分之前，第二個我想要聚焦的概念就是個案與治療師如何看待「負向」的部分。上述的例子，我想努力呈現的是**兩極的兩面都有好的部分**。這是一個重要的概念，而在下個段落我會試圖說明它的重要性。

🍀 與兩極工作

我們一開始曾討論過兩個問題，現在讓我們聚焦在如何與兩極工作。當你與兩極工作，記得我所提過的概念會很有幫助：**兩極的兩面都有好的部分**。個案真正需要來自她兩個部分的東西。「解決兩極的工作是要幫助每一個部分完整表達，且同時讓兩極相對應的部分進行接觸。」（Polster & Polster, 1973）之前我談論過放掉你的工作議程的重要性，同時也說到這對治療師來說並不容易做到，原因是治療師很容易對兩極的重要性有偏見。回到先前受虐的女性個案，治療師很自然地會認為「離開丈夫」的部分是好的，而「不要離開」的部分是壞的。這樣看待兩極的方式會過度簡化也不正確，但是表面上又好像是正確的。

接下來，我們聚焦的概念在與兩極工作時要謹記在心中：

1. 兩極的承認、確認與命名。
2. 兩個部分的區分及探索。

3. 幫助個案接納兩極的兩面。

4. 將兩部分整合成一個整體。

🍀 兩極的承認、確認與命名

我們在暴食與受虐婦女的案例中討論過第一個概念。幫助個案覺察兩個部分，同時為兩個部分命名是第一步。我發現大多數的個案在覺察到兩個部分，同時了解到擁有衝突的部分很正常時通常會感到輕鬆。

如同我先前提到的，有時候很可能個案的兩極是「應該」與感覺。在 DVD 中的療程，你可能已經注意到個案的一部分想要悲傷，而實際上她數度以「應該」來描述之。舉例來說，在片段 6，她說：「我努力去感受我需要感受的感覺，來讓我自己好過些。」當個案說到像是努力，以及需要的時候，通常意味著個案認為他們**應該**去做一些事情。「應該」的想法時常在個案身上發生，一般也是個案最普遍的兩極之一。我喜歡跟學生說，我努力的讓自己不要「應該」，同時我也努力幫助個案讓他們自己不要「應該」。當我使用如此「犀利」的語言，學生們通常會笑出來。

🍀 兩個部分的區分及探索

有幾次我在 DVD 療程之中會這麼做，讓我們以其中一個為例。在較早之前的療程中（片段 4），個案說：「所以，你知道我正被拉扯在與傷心同行，以及努力遠離傷心之間。」我的回應是：「不論你選哪一邊都是好的。所以，你有注意到現在你正遠離傷心嗎？」在這個回應之中，我沒有為兩極命名，因為她表達了兩極的兩面，同時也說到她在兩部分之間的拉扯。因此，我聚焦在一部分的她，那是「努力遠離它（傷心）」。如果兩極沒有這麼早在療程之中出現，那麼我會作更深入的探索。在療程中的

此時，我想要聚焦在此刻她對兩極做了些什麼。

　　時機點很重要。我不想在療程的早期就距離沙盤太遠，而且我認為兩極會在後續的療程之中再次出現。與成人工作的奢侈之一就是沙盤治療師在療程中經常會有很多的機會和個案的議題工作。事實上，治療師甚至能夠邀請個案回到她先前在療程中所提出特定的議題。而遊戲治療師就無法擁有這樣的奢侈。

　　在接近療程的後段，思考與感覺的兩極有大部分的時間成為我們的焦點。下面這個例子會更清楚說明區分與探索的概念。療程的早期，上述提到的第一個兩極用幾種不同的方式重複呈現出：感覺到感覺或停止感覺。個案在整個歷程中掙扎於此。但是當我們在片段39中思考／感覺的兩極，兩極超越了感覺到感覺／停止感覺的層次。兩極更是個案日常生活的一部分，同時她也描述每一個部分都維持了一段時間。假設你已經看過了影片，你甚至會看到我努力地去了解這兩極是什麼。確認兩極的過程是在片刻中發現的。在片段39，我甚至會用像是穩定波瀾與平靜的字彙來加以描述。接著，個案與我一起花了點時間發現到原來這是思考模式多過於平和的模式。

　　有時候兩極的確認與命名就像在這部分療程中所做的一樣。確認與命名不總是那麼容易，特別是在尚未覺察的個案身上。個案有良好的自我覺察，同時不會去否認她自己的部分，這會讓確認過程更加容易進行。但也如你所見，這仍是不容易的。就我的觀點來看，部分以平和的方式呈現，但個案所經驗到的卻是更多理性、冷靜、非感覺的狀態。

　　就如同我們先前所討論到的，她的這個思考模式是好的，她也需要這模式。當思考模式在療程中出現，當她處在思考的模式當中，我不會將這個模式視為逃避或控制，即使個案承認她在思考模式中感受到更多的控制。在個案的身上幾乎像是有一個電燈切換的開關，她使用這個開關來進入思考或感覺模式。在這個時間點上，很不幸的是她害怕感覺的模式，而在思考的模式中感到安全。我會說不幸是因為她的感覺也是她好的一部分，但是對此刻的她來說很難去調適。

　　一旦我們命名了這個部分，接著我們會在此停留並加以探索。在片段43，個案說：「所以，當我停下來，再次開始思考的時候，我沒有那麼多的感覺。」對我來說，「應該」出現在她的身上。這暗示的訊息是「我應該去感覺我的感覺」。對她來說，這不會是一個好的想法，因為在這個時間點上，她在調適上有許多的困難，而且她還要努力管理許多強烈的感覺。所以她真正需要這個（思考）模式來尋求穩定，並且幫助她過生活。

　　治療師能夠用來探索兩極的一面或一部分的方法是運用空椅法。除非你經常使用沙盤，否則在沙盤中這樣應用不是一個好主意。當我們到達了思考／感覺的兩極，我可以對這個個案這麼做。我選擇不這麼做主要是因為時間的限制。然而，如果我選擇運用空椅法，我會讓個案坐在一張椅子上，然後與思考模式進行接觸。接著，我會讓她在另一個椅子上放一張她自己的照片，想像她自己是處在感覺模式中。然後，我會邀請她從思考模式的自己對感覺模式的自己說話。這個介入是區分兩極的部分非常有用的方法，同時能與他們兩者進行工作。

　　如果你是曾使用過沙盤的治療師，你可能會好奇，在沙盤中運用像是空椅法的介入是為了什麼。有一些沙盤治療師在整個療程之中持續聚焦在沙盤上，而我不會以這種方式來進行。在 DVD 中工作的方式，才是我在沙盤療程中最主要的工作方式。焦點會有所起伏。個案與我聚焦在沙盤上，然而當我們在沙盤所引發的議題上工作時，我們會離開沙盤一會兒。接著，個案與我又會再回到沙盤上。當然，與兒童工作我不會用這種方式來進行沙盤。兒童沒有這麼長的專注力或自我強度（ego strength）能夠長時間的離開沙盤，而且以深度的方式來處理沙盤景象。這種進出的過程在 DVD 療程中發生了好幾次。在片段 35，我們從沙盤中轉移我們的焦點之後，個案看著她沙盤中的兒子，然後說：「我一點都不想要看到他在水中，甚至只是看著他都會提醒著我。」

　　這種進出的歷程顯示出沙盤的力量。不用我說任何事，個案看見她的兒子在水中，同時也會回過頭來接觸與意象相關聯的感覺。個案要花費很長的時間來修通她兒子的自殺，所以就算只是再次看到她兒子就會引發強

烈的痛苦、罪惡或其他感覺。

🍀 接納兩極的兩面

　　最後要討論的這兩個概念是超越 DVD 所呈現的。雖然個案與我在個案接納她一些兩極中的不同部分可能已經有一些進展，但或許對你來說很明顯的地方是，她仍有很長的路要走。即使我們願意去擁有這兩個部分，但是接納我們自己的不同部分會是相當困難，而且需要花費很長的時間。我之所以說即使我們願意去擁有這兩個部分，是因為許多人都不願這麼做。許多人對於部分的自己會感到非常的羞愧。性議題的擁有會是特別困難的。如果一個人對性的感覺不被視為是恰當、可以接納或是「正常」，那麼擁有這部分就會更加的困難。我們很容易會去隱藏我們所感到羞恥的部分。

　　我曾經有一個中年的男性個案，他是異性戀者，但也有同性戀的想法和感覺。多年來，他對這些想法和感覺感到羞愧，但是他從未跟任何人談論到這些部分。當他與我分享這些想法和感覺時，他非常的羞愧以至於無法與我有眼神的接觸。他甚至有一部分的時間是閉上他的眼睛。在療程的最後，他感覺好多了，但是有二十分鐘的時間他看起來嚇得半死。對於否認他們自己的部分已經有很長一段時間的個案來說，自我接納是非常的困難。

　　在 DVD 療程中的個案，罪惡與後悔的議題更甚於羞愧。她的罪惡感非常強烈，而且需要花費很長的一段時間來原諒她自己。然而，我希望在沙盤療程中，我們所做的工作將能夠幫助她更接納自己，同時也幫助她往自我原諒的方向邁進。由於療程中連結到上帝會保守個案與她家人的平安，她自己的一部分出現了轉變。在片段 12 與 13 中發生下面的互動，一開始我說：「所以在諾亞去世之前，你感覺到祂在保守你們平安。接著，在諾亞去世之後，就變得像是我不知道、或是我錯了、或是我認為祢會一

直保守我們平安,而祢卻沒有做到嗎?」然後,個案回應說:「我只意識到我的天真,沒有誰會是平安的,或者好人不表示壞事不會發生在你身上。我活在一個我認為那些是真實的國度。我很喜歡那時候的世界,因為我現在比起過去有更多的擔心。」

從 DVD 療程中的對話摘錄顯示一些困難的模式:邁向自我接納很困難,而且並不總是愉快的。個案在療程中意識到她很天真,而且在這時間點上有「啊哈」的時刻。一部分天真的她在療程中已經稍微有所轉變,同時邁向接納現實真正的樣子。然而,邁向接納對她來說是不安的。她說當她很天真的時候,她很喜歡這個世界,而現在她比起過去有更多的擔心。幻想是能夠讓人感到舒適,而放走它們會讓人感到恐懼。成長是既不容易也不平順的過程。

在電影《凡夫俗子》(*Ordinary People*)中,青少年個案(由Timothy Hutton 飾演)詢問精神科醫師(由 Judd Hirsch 飾演)說:「我應該要感覺好一些,對嗎?」精神科醫師說:「不一定。」沒有個案會想要聽到事實,而事實有時候是會傷人的。我們很多人會花費大量的精力來逃避和否認那些擾人且令人不安的議題和現實。面對這些並不會讓我們有好的感受。

🍀 部分的整合(**Integrating the Parts**)

在 DVD 療程中的個案能夠將她許多的部分整合一個整體之前,她還有很長的路要走,但是她已經開始了這個歷程。她不再否認自己的感覺,同時她承認她自己有衝突的部分。當她感受到一些強烈的感覺,她會願意去探索她的兩極,把她所經驗到的害怕,盡可能地在歷程中開放。雖然在療程中這歷程對她來說會有一些不安,尤其是她在面對好人無好報的事實。她願意鼓起勇氣來越過所有的障礙,而她可能擁有更多超乎她所意識到的勇氣。她正在邁向整合,但仍需要花一段很長的時間才能到達。

　　一些曾與我進行沙盤的個案都已經進一步走向整合兩極的歷程。有些個案意識到他們曾否認一部分的自己，同時也能夠相當快速地邁向這些兩極的整合。有些個案只需要花費幾個月的時間，但我所見過大多數的個案將會需要更長的時間。

　　在 DVD 的療程中，從療程的開始到結束，個案有非常多的兩極。本章的下一個部分，我將會聚焦在幾個兩極的部分，同時去討論我是如何與他們進行工作。就如同我曾提到的，時機點很重要。在療程的一開始，正如你所見，一個主要的兩極已經出現。在下個部分你將會看到，如果這個兩極在稍後的療程中發生，我對這個兩極會有不同的回應。

🍀 DVD 療程中的兩極

　　很明顯地，在 DVD 療程的一開始，個案經驗到與她兒子自殺的相關感覺而有複雜的感受。當個案說（片段 2）：「我現在努力用認知來應對。」她正經驗到一極：她感到痛苦，所以她努力透過「認知」來控制或因應這一切。這種矛盾心理對於她所感受到的痛苦會以不同形式和方式在整個療程之中持續下去。另一種描述兩極的方式是透過命名她相互對抗的兩種感覺：痛苦或傷心，以及對痛苦的恐懼。一部分的她是害怕，一部分的她是相信去感覺她的感覺是有幫助的，讓她能夠向前穿越這些感覺。

　　你認為哪一個部分是比較強大的？我打賭是害怕的部分。事實上，你可能已經注意到在她的幾個陳述之中，「想要」哀傷處理的部分似乎變成了「應該」。舉例來說，在片段 6，她說：「我努力去感受我需要感受的感覺，來讓我自己好過些。」當個案說到像是「**努力**」和「**需要**」的事情，通常意味著他們認為他們應該做一些事情。很久以前，我學到一個小訣竅來改變像是「需要去」（need to）這類話語的意義。有時候我聽到下面的陳述：「我需要去就意味著我不會。」所以，當我聽到個案說她需要去做一些事情，我就知道她可能不會去做。她認為為了變得更好，她需要

去感受她的感覺。當然，在一定程度上這是事實，但是認為她需要這麼做，同時要能夠也涉過她那恐懼、罪惡和痛苦的惡水是非常的困難。個案知道她的悲傷還沒有結束，她也知道這有助於她釋放自己的一些痛苦，但是她也知道痛苦會很強烈，而且非常的不舒服。一般來說，「應該」沒有強大而足夠的動力來對抗恐懼，當應該與恐懼相互對抗，我敢打賭恐懼會獲得勝利。

在本書中你會聽到我一再重複，恐懼是我們個人最主要的挑戰，同時也是我們身為治療師最主要的挑戰。個案（和我們每個人）都**害怕改變**，而這是我們工作的一部分：幫助個案改變和成長。他們也害怕失去控制、走出自己的舒適圈、經驗到不熟悉與未知的事物、強烈的感覺和數不清的事情。所以，我**通常會選擇恐懼**來作為我最先回應兩極的部分。當個案說她「正被拉扯在與感覺同行和努力讓自己遠離感覺之間」，我說：「沒關係，不論你選哪一邊都是好的。所以，你有注意到現在你正遠離它嗎？」這個問題聚焦在她兩極中害怕的那一邊。為了回應我的問題，個案在片段5中承認她是焦慮的，而且接著以不同的方式表達出兩極。「在沙盤中，（聚焦在沙盤的景象）好的地方是有助於表達許多痛苦的成分，但也不好，因為多了很多痛苦。」

如果不是發生在療程中的初期，我可能會停留在這個兩極中，同時做出下列的事情。我會問個案她身體的哪個地方是感覺到焦慮的（稍後有更多生理上的議題）。接著，我會問她，她需要怎麼做才會感覺到更安全。重點是當個案害怕去感覺她的傷心之時，鼓勵她更深度去感覺她的傷心會是不好的建議。大多數有經驗的治療師都知道，感覺到安全對所有年齡層的個案來說是非常的重要。遊戲治療師會努力創造安全的氛圍，而所有年齡層的人，當他們感受到安全時就會蓬勃成長。所以幫助個案感到更加的安全，會增加他們探索議題和感覺的意願。

一旦個案把話題轉移到告訴我關於她沙盤中的景象，她說在她的景象中，她身處在兩個地方之間：天堂和世界。所以，個案這幅沙盤的景象和我先前所提到的景象很類似，景象的本身就是兩極。景象中個案好的部分

是天堂（她的兒子所在的地方），而景象中個案不好的部分是這個世界，其中充滿了可怕的意象，包括撒但。

另一個從她的景象中逐漸發展出來的兩極是在片段 15 到 17，她分享了許多人建議她去想著她兒子的快樂，而不是她自己的傷心，因此，兩極在相同的主題有著不同的形式：感覺或者不去感覺，但是「不去感覺」的訊息是源自於外在。片段 17 中，在承認這個「應該」是來自於其他人的期待之後，我問說：「嗯，獲得這建議的感覺像什麼？」

在 DVD 療程中的最後，出現了一個重要的兩極。一開始，我不確定要稱呼它什麼。我注意到個案經驗到她自己更加平靜且一切都在控制之中的一部分，所以我將這部分提出來。她說她並不平靜，所以我們持續討論其他的經驗，而最後我們能夠加以命名。我們想出來的是思考模式與感覺模式。聽起來很簡單，但在那時我真的不確定要稱呼它什麼。我只注意到個案轉變進入到一個模式，在其中個案似乎是更加平靜，而且有更多的控制。

當你看到這個部分的療程，我想你會很明顯看到她更加「穩定波瀾」（even keel），我在療程中這麼稱呼它。她的聲調有明顯的不同，她停止哭泣，而且相當的平淡。另一個我們可以稱之為因應模式。如果你曾經與憂鬱或焦慮的個案工作，我很確定你會明白我的意思。當我與憂鬱傾向的個案工作時，在療程中，我的焦點會取決於個案的功能如何。如果個案在基本功能方面顯得很吃力，像是起床、上班工作或基本責任的處理，我會聚焦在行為方面的議題，讓個案多停留在我稱之為因應的模式。如果個案沒有去因應，他們就還沒有準備好要針對核心議題進行工作。讓我再重複一次：**如果個案沒有去因應，他們就還沒有準備好要針對核心議題進行工作。**

在療程期間，個案會進出因應／思考模式。這個模式幫助她因應，同時去做她在這一週所需要做的事情。她需要這個模式來發揮功能，因應／思考模式很有用也很有幫助。然而，當談論到要修通關於她兒子自殺的感覺之時，她會先將因應／思考模式放到一邊，然後轉變進入感覺模式。當

她讓她自己去經驗她的罪惡、痛苦、後悔和生氣的感覺時,她很容易會經驗到失衡的感覺。對許多個案來說,這種暫時失控的感覺是非常的不安。我們都喜歡控制,對許多個案來說,允許他們自己去感覺他們深層的感覺是非常的困難,因為他們感覺越多,他們擁有的控制感越少。

回到個案的因應與感覺或是思考與感覺的模式,有一個方式是你可以從整個療程來看,去注意她從這一刻到那一刻是處在哪一個模式。你可能還記得,在療程的一開始,我告訴個案如果她不想深入感覺是沒有關係的。兩極的起伏與流動在整個療程之中:去感覺或者不去感覺。對個案來說,去感覺自己的感覺是很驚恐的,而且她對於要這麼做有著複雜的感覺。她希望能夠穿越過痛苦,但同時她也害怕會很痛。

🍀 摘要

本章的目的聚焦在個案兩極的重要性,同時也希望幫助你在 DVD 的療程中以及你與個案的工作中更能覺察到兩極。當個案難有進展之時,兩極的覺察能夠幫助你與個案避免大量的挫敗感,同時幫助你的個案感覺到被了解。恐懼很容易藏身在兩極的中間,因此恐懼的覺察,像是對改變的恐懼,有助於身為實務工作者的你,以及在治療中的個案。如果有一些事情的發生阻礙了個案的成長,去確認出議題並與之工作是非常關鍵的。確認兩極中兩邊的有益之處,能夠催化自我接納與最終整合的歷程。

 反思

❋ 實務工作者的反思

1. 試想一個已經與你工作一段時間的個案，試著指認個案掙扎的一至兩個兩極化。當你和兩極工作之時，恐懼通常會是其中的一個議題。是不是有一些事情是個案所害怕而未曾去討論過的：對改變的恐懼、對不熟悉的恐懼或是對於走出舒適圈的恐懼？

2. 確認兩極的另外一種方法是當個案使用「但是」這個詞。在你與個案的工作中，當兩極出現之時，試著去掌握或注意。

❋ 督導者／諮商教育者的反思

1. 在你訓練課程中的諮商員會覺察兩極嗎？

2. 他們在理論或技術課程有提過嗎？實習課程的指導老師對於兩極的認識多嗎？

3. 如何將這個臨床的議題介紹給教授技巧或臨床課程的指導老師？

4. 如果你有博士班的課程，臨床課程會教導實習生兩極的知識嗎？如果沒有，要怎麼樣才能夠改變？

第 8 章
抗拒

🍀 順流而泳

我與你分享處理抗拒最重要的原則如下列所述：永遠不要試著要個案去做她不想做的事情。**與抗拒同行，而不是與它對抗**。只要做這件簡單的事情將能夠避免你感到頭痛與挫折。當然，就如同很多事情一樣，用這個原則與個案工作是知易行難。在本章，我將會努力的說明幾個與抗拒同行，而不是與它對抗的方法，我也會在 DVD 中示範如何處理抗拒。

現在，對個人中心取向的你們來說，不要試著要個案做任何她不想做的事情的這個想法好像不是很重要。然而，不論你的理論取向為何，如果你曾經在青少年或成人領域工作過許多年，你可能會想要透過巧妙地指導他們的方式來「幫助」你的個案。舉例來說，讓我們假設你正在與受暴婦女工作。想像一下她的伴侶已經對她施暴了一段時間，而你的個案也曾經送醫三次。個案創作了一個沙盤，在沙盤中，她將施暴者描繪成一個怪獸，而她自己則是一個脆弱且又無助的人物。

許多治療師在這種情況之下與個案進行沙盤，都會想要透過幫她找尋

替代的住所、庇護所等等的方式來「幫助」她。保護個案對許多治療師來說可能是最重要的。然而，曾經與各種受暴婦女長期工作過的治療師會告訴你，許多婦女甚至還沒有準備要結束關係或是搬離房屋或公寓。當我們與類似這樣的個案工作時，要沒有偏見並進行你所想要諮商晤談的議程是很難的。對我們來說，很明顯的是她要盡可能地遠離施暴者。然而，個案或許還沒有準備好要這麼做。治療師越努力要說服個案遠離施暴者，個案可能越會停留在這段關係之中。

🍀 為什麼個案要抗拒？

家庭暴力的狀況提醒我所有個案的重要議題：為什麼個案（與我們）對進行改變有這麼多的困難？當必須做出改變，當個案顯然並不快樂，當關係或工作不滿意、不健康或甚至被辱罵，為什麼個案有這麼多對投入改變上的困難？通常，就如同我們先前所討論的，原因是**恐懼**。我們全都害怕某種程度的改變，而且我們全都寧願選擇所熟悉的事物。安全是一件很重要的事情，對我們來說很重要。恐懼不是壞事。事實上，恐懼在一些情境下是非常有幫助的，特別是涉及生存的情境。甚至有一些焦慮是有幫助的，同時也是人類生存條件的一部分，然而也有一些焦慮是自我挫敗與自我造成。

在閱讀這些問題的過程中，你可能會想到我們在兩極部分所談論到的重點。抗拒幾乎總是個案兩極中的一種外在表現，**個案想要改變，同時也害怕改變**。新手治療師更容易較少覺察到個案一部分是不想要去改變，而且可能會落入治療師比個案更關心個案改變的陷阱之中（Skovholt, 2001）。甚至有經驗的治療師，也很容易會變成過度聚焦在幫助個案改變，以至於治療師會失去對於個案有一部分不想改變的重視。當我變得過度投入在個案身上，要她去做她所害怕的改變時，我曾耗費極大的精力，同時也經驗到極大的挫折。當治療師比個案更在意個案的改變，治療師就

很容易陷入困境。如同大多數有經驗的治療師所知道的，時機點就是一切。**個案**對於改變的時間表是一個重要的事情。

　　恐懼在我們的生活中是一股強大的力量，而作為治療師，我們需要非常敏銳地覺察恐懼將會如何讓個案持續陷入在不健康與不快樂的模式和關係之中。如果個案抗拒做出她所想要做到的改變，如果她不願意結束一些痛苦的事情，便可尋找她可能害怕的事情並和恐懼工作。在本章，我將會討論幾種與恐懼工作的方法。

　　現在讓我們回到受暴婦女的議題。如果恐懼是她無法離開的原因，是什麼樣的恐懼會讓她持續留在關係之中？如果你曾經與這個族群工作過，那麼你可能就會知道，她可能是在害怕她的生活。許多施暴者會威脅他們的受害者，同時告訴受害者如果她們離開，施暴者就會殺害她們。另一種婦女很常有的恐懼是害怕無法自食其力。她可能在財務上需要仰賴施虐者，她可能不曾外出工作，以及她可能無法管理金錢。

　　你會如何與她對自食其力的恐懼進行工作？我想要做的是向你呈現我會如何進行，然後你可以發展你自己進行的方式。首先，我會做一些在先前章節中我已經討論過的事情；我會去強調她的恐懼。想像一下，當個案看著她的沙盤，她承認有一部分的她想要離開她的伴侶，同時一部分的她卻害怕離開。我會詢問她，哪一個部分的她是她現在最能夠覺察到的。請記住，當我們在進行這樣的處理時，此時此刻是焦點所在。個案容易在這個片刻去**談論**感覺，而不是**經驗**他們（Bugenthal, 1999）。「在生活中的片刻增進我們自己的覺察，也意味著增進自我引導的有效性和生活的滿意度。」（Bugenthal, p. 24）

　　我們想做的是幫助個案更能覺察在這片刻中所正**經驗**到的真實感覺，而不是**談論**過去的感覺。回到個案身上，讓我們假設她覺察到較多對於離開的恐懼。當我們在討論兩極的部分，我會邀請她聚焦在她恐懼離開的那個部分。我會說：「告訴我你的恐懼。」當然，從這個點上開始，事情會變得更難以預測，個案可能會有無數的方式來回應這個問題。

　　讓我們假設她說：「我不認為我可以自食其力。」我要凸顯這句話的

方式是稍微加以改變，並且讓個案重說一次。我會說：「說一次，我不會自食其力。」我改變這句話的原因是要去強調恐懼，並且讓恐懼比她所說的更為強烈。個案會猶豫，而我想要她去經驗更多，如此她才能夠面對恐懼。在她重複那句話之後，我的回應會取決於她的表情。如果她眼中泛著淚光，我可能會慢下來，並且沉默一會兒直到她再次開口說話。如果我注意到她的呼吸變得短淺，我會加以聚焦，同時詢問她關於呼吸的部分，她注意到些什麼。**請記住，大多數個案會停止他們的感覺，他們不會充分地表達感覺。**

事實上，曾和我工作過的大多數個案（以及一般人）並未真正知道恐懼的感覺像什麼，因為他們不允許這個感覺被感受到。當我們害怕或生氣時，我們大部分都會緊張。當我們允許我們自己去感覺它時，實際上害怕就像是悲傷一樣。我們可以看到害怕的幼童會開始哭泣。我們多數人都會去停止恐懼、緊繃我們的身體，以及抑制我們的呼吸，所以我們從來沒有真正地經驗恐懼，我們反而是經驗到緊張和壓力。諷刺的是，真正的恐懼對我們的身體有較少的傷害。

希望你能夠開始了解到，處理抗拒最好的方式就是與它同行的這個想法。在先前的例子中，你不要讓個案略過恐懼，而是你要與她一起進入她的恐懼，並與她在那裡一起工作。在個案所在的那裡，在她所掙扎、受苦與受傷的地方。抗拒想要幫助她從 A 點移動到 B 點的衝動。當她準備好了，你就不需要去做所有的工作。我想所有人本取向治療師在一定或其他程度上都會相信這個想法，但是我們意圖去減輕個案的苦難和痛苦將會使我們遠離這個取向。

🍀 停止他們感覺的個案

就如同我上述所提到的，大多數的個案會用一種或其他種方式來停止他們的感覺。我想說的是個案會有踩煞車的傾向。他們一腳踩著油門，同

時另一腳踩著煞車。他們在某種程度上會去經驗感覺，而同一時間卻也努力去停止感覺。我曾遇到過許多擔心會在療程中失控的個案，但是他們大多數實在沒有什麼好擔心的，因為他們很善於停止他們的感覺，同時停留在只有些微失控風險的控制之中。更大的議題是個案花費大量的精力以停留在控制之中。大部分的個案都相當善於停留在控制之中。有一些個案甚至會在治療之前發誓不要哭泣。當然，許多家庭都有「不要哭」的家庭規則，所以有時候個案有類似的發誓行為是不令人訝異的。

你可能很熟悉一些使用完形技術的治療師如何與停止他們感覺的個案工作。與其他類型的抗拒工作，原則都是一樣的：**不要強迫個案做任何她所不想做的事情。與防衛同行，而不是與之對抗。**放鬆訓練使用類似的作法。如果你聽過系統放鬆訓練的錄音帶，裡面的內容會告訴你在**放鬆之前先緊繃**你的肌肉。有一件事情是關於我們如何被設計，即當肌肉緊繃時，我們是無法放鬆的。試試看，你會了解我所說的意思。這個原則就是在你放鬆之前先緊繃，處理防衛也是如此。

如果個案停止去感覺，那會有無數的完形技術被運用來與這種身體防衛或阻塞來進行工作。就如同我先前曾說的，我最常使用的技術是：**明顯性的強調**（Carson, 2003），這種情況與放鬆之前先緊繃的概念是相同的。讓我以一位正在經驗感覺的個案為例。她的臉色和喉嚨變紅，她的聲音變得收縮和緊張，她的呼吸可能會停止，同時開始變得較淺，而且她可能會看著天花板。個案會竭盡所能去控制感覺，同時避免全面地經驗到痛苦。

這裡說明了我如何與個案強調明顯之處。首先，我會提出她如何停止自己感覺的議題（Polster & Polster, 1973）。我會說：「看起來你試著去停止你的悲傷。」如果個案承認這是真的，我會問：「你如何停止你的悲傷呢？」回到我們的改變理論——**除了我是誰之外，我改變不是透過我努力想成為某一個人，我改變是透過充分地覺察到我是怎麼樣的人**——這個問題藉由聚焦在個案「如何」停止她的悲傷來催化覺察。

個案通常會說他們不知道他們是如何停止感覺來回應。當個案這樣告訴我。我會告訴個案聚焦在她的呼吸，然後告訴我她注意到些什麼。如果

她說她注意到她的呼吸很淺，我會建議她呼吸得更淺一些。我會說：「往下推壓你的胸部，如此更能收縮你的呼吸。」或者我會說：「把你的手放在你的喉嚨，並且讓你的喉嚨更緊。」接著我會邀請她去描述那樣的經驗。通常個案會回應不舒服。當我建議個案放鬆，個案一般就會感到舒緩。

如果我關心並推著個案去穿越她的防衛，同時努力去經驗感覺，那麼事件的順序會變得完全不同。**這個原則是很矛盾的：你越努力要抗拒的個案去感覺她的感覺，個案會越抗拒。你越允許抗拒的個案擁有她的防衛，她會更有意願去感覺她的感覺。**這是放鬆之前先緊繃的概念的再次應用。

如果個案緊繃她的喉嚨、胸部或腹部的肌肉，並且持續稍微緊繃的狀態數分鐘，可能會發生的事是她會去壓抑感覺，她會努力去控制那感覺，就像是一個人彎曲花園的水管來緩慢水的流動。然而，如果個案的緊張提升到不舒服的地步，她會想要放鬆，就像是放鬆練習中的情況。

有一次我與一位成人個案進行沙盤，她經驗到強烈的情緒波動。我注意到她非常努力去停止感覺，雖然她的臉和喉嚨已經呈現鮮紅色，卻沒有淚水從她的雙頰滑落。我建議她把手放在喉嚨上，並且掐緊一點。約五秒之後，她開始淚流滿面，而且嚎咷大哭。在稍後的療程之中，當她哭泣完，她感謝我幫她放下了她的痛苦。她告訴我說，我是一個奇蹟的創造者，因為她通常是不會哭的，即便當她想哭的時候也不會哭，特別當她與其他人在一起的時候更是如此。

這樣的事件順序不會總是發生在個案身上。上述所提及的個案很明顯已準備好要放下她的痛苦；而有些個案沒有相當的準備，他們對放下的恐懼仍然比他們想略過痛苦的渴望更為強烈。在歷程中對於某些個案你必須要非常有耐心。有些個案需要去哀悼他們的失落或者修通未解決的感覺，他們的進展比起這個個案可能會緩慢許多。

對於沒有接受過與身體凍結（physical blocks）之工作訓練的你們來說，邀請個案往下推壓自己的胸部（或類似的事情）似乎會感受不舒服、奇怪或者怪異。你可能會認為你不想要這麼做，因為你不知道怎麼做或者

會覺得這真的很奇怪。在訓練過進階碩士生或博士生這些技術的經驗中，我覺察到這些技術與反映情感和內容或詢問開放式的問句有多麼的不同。接受訓練的諮商員很重視這些技術，但是他們也坦承將這些技術運用在實務上有多麼的不容易。

　　真的是如此，就像是學習任何新的事物一樣，一開始會覺得有些不習慣。你們大多數可能在諮商技術課或課程實習中會學習如何做出情感反映。對大多數的學生來說，學習如何反映是相當困難與笨拙的。在閱讀本書之後，你可能不會想要使用一些身體導向的技術，除非你接受了這方面的訓練。在本書的後面，我會用一個章節來詳細討論訓練。身體導向的技術是非常有幫助和有影響力的，但是需要接受訓練與練習以更有效地運用這些技術。感覺是生理的，而個案會在他們的身體中經驗到感覺。如果你與個案會面，而你的個案在療程中哭泣，他們有時候也會使用到我所描述過的一些方式來停止他們自己的感覺。學習如何與身體的防衛工作，能夠增進你的治療效能。

🍀 受困的個案

　　現在，讓我們回到先前所討論過的抗拒類型：受困在兩極中間的個案。想像一個想要改變，但好像又不能夠改變的個案。如果你是實務工作者，你會有許多類似這樣的個案。個案可能會是一個想要減肥，但又好像不能夠做到的人。或者個案可能不滿意她的關係或工作，而且難以擺脫她現有的處境。讓我帶你回到我們先前討論過的類似狀況：受暴的婦女。記得我們談論到如何被誘導去幫助個案離開她的施暴者。在某方面，這些較為典型的情況像是減肥或者脫離關係或工作的都非常相似。這些所有的情況都有共同之處：它們全都牽涉到兩極。

　　無法減肥的個案從暴食來獲取某些事物，它可能會是慰藉或舒適或愉悅；身處在不愉快關係的個案從她的情境中來獲取某些事物，可能是安全

感、經濟的安全感或是熟悉的安全感。她可能會害怕做出重大的改變。改變是可怕與困難的。對治療師來說很重要的是要記住：真正的改變是多麼困難。很不幸地，施暴者對待她的方式，個案會認為那是她應得的對待。受暴婦女通常具有非常低的自尊，而且傾向於去容忍她們從不應該容忍的事物。

　　我們已經討論過一些與兩極工作的方法。如果記住這些策略對你來說有些困難，你可能會想要複習與兩極工作的部分。在這裡我要再次重複：**兩極的兩面都有好的部分**。身為治療師，你總能在兩極的各部分中發現一些好的、有效的或有幫助的事物。有減肥困難的個案是怕會失去暴食中所獲得的慰藉和舒適。慰藉和舒適有什麼錯？沒有！如果她停止暴食，她從食物中所獲得的慰藉和舒適將要從何處尋找？慰藉和舒適對許多人來是缺乏的。她可能真的需要愛、支持與真實的與人互動。顯然，她無法在街角就能找到那些東西。

　　要求與期待個案放棄某些事情（像是食物），且沒有以其他東西來替代的希望，通常不會有效。當個案在他們的生活中經驗到空虛，他們通常會非常的焦慮。如果個案的例行行程是坐在舒服的沙發上，吃她喜愛的食物，同時享受地觀賞一些電視節目，要改變這樣的型態可能會很困難。很顯然，個案從例行的行程中獲得很好的待遇。我們都喜歡輕鬆與放鬆。找到替代的方式去滿足這些需求是重要的。對個案來說，另一個問題是行為方面的自我挫敗。生命中部分的挑戰是能找到好的方式來獲得我們所想要的。個案想要慰藉和舒適，也已經發展一個方式來獲得它們，但是她的方式並不健康。有些兒童、青少年和成人似乎比起我們其餘的人更加幸運，他們能輕易地選擇一些方式去獲得他們所想要的，而不會自我挫敗。然而，對大多數的我們來說，要避免自我挫敗的行為和模式是更加的困難。

　　我想回到一開始我在這部分的想法：永遠不要試著要個案做任何她不想要做的事情。我要有所坦承，有時候，我會試著要個案做他們所不想要做的事情。可能個案不想要聚焦在某個議題，而我認為她需要去聚焦。我們已經一起工作好一陣子，同時我相信個案已經準備好要處理它，但卻不

願意。有鑑於這些情況，有時候我會溫和地推動個案去處理一些事情。然而，要是你有這麼做的習慣，我要提醒你。通常，溫和地推動個案最有效的是當與最不需要這推動的個案工作時。換句話說，推動個案的工作最有成效是當個案過去與你在你們關係中承擔許多責任時。和那些會讓你認真工作多過於他們願意去做的個案，我會去抵抗想要推動他們的意圖誘惑。你可能會感到挫折，因為他們會抗拒你努力想做的。如果個案沒有準備要改變，他們也不會改變。

♣ DVD 療程中的抗拒

在DVD療程中，抗拒議題浮現得很早。在片段 1，個案說：「我已經感覺到這些令人傷痛的情緒，因為那些是痛苦的情緒。」當我回應：「所以你已經感覺到痛苦。」個案沒有說「是的，我是」，反而說：「你了解我的。我現在努力用認知來應對。」這是一個抗拒的回應。她已經經驗到兩極中痛苦的感覺，也努力去控制痛苦。

在最早的幾分鐘，個案覺察到這個兩極，而且她也覺察到對於治療有多深入有複雜的感覺。她已經治療了一段時間，所以她知道探索感覺的價值，但是她害怕感受她兒子死亡的痛苦。雖然我非常認識這個個案，但我真的不知道她兒子自殺對她造成的痛苦有多少。我無法想像如果我的孩子自殺我會有多痛苦，而我是比個案有更多自我強度。

讓我們回到 DVD 療程開始的時刻，個案說：「我害怕我會太傷心。你知道我努力讓自己遠離過度的傷心。所以，你知道我正被拉扯在與傷心同行，以及努力遠離傷心之間。」當然，她在這裡的回應顯示出她有相當高層次的自我覺察。她從她被拉扯的陳述中掌握到了兩極。她能表達她的感覺，同時描述她內在心理上的掙扎。部分的她想要放手去體驗，而部分的她又害怕去經歷傷心後所會發生的事情。就如同我所說的，我們大多數會在前進時踩著煞車。我們想要前進，但是我們會抑制我們的感覺和生活

的議題。恐懼往往會限制與妨礙我們大部分的行為,而且痛苦是可怕的。

　　回到個案的掙扎,我對她的回應是:「不論你選哪一邊都沒關係的。所以,現在你有注意到你正遠離傷心嗎?」接著,過了幾秒後我說:「當我們進展至此,如果你想要遠離(痛苦)是沒關係的,如果你想要向前深入也是可以的。」在這個回應上,我努力做的是允許她運用她的防衛,因為她需要防衛來感到安全。如果我們不是在療程的早期,我會去探索兩極。我會邀請她聚焦在她的一部分,並且工作一段時間。但是發生在療程的早期,如果她想這麼做,我只想允許她去躲避她的感覺,或是去感受她的感覺。本質上來說,這是我應對抗拒的方法:放鬆緊張的狀態;不要推動個案;允許個案防衛。我希望她能夠選擇是否要去感受。

　　希望你能從 DVD 中得知我努力允許她去靠近或躲避那可怕的痛苦感覺。如果我鼓勵個案去感受痛苦,她可能會有更多的抗拒。當她說:「我正被拉扯在與傷心同行,以及努力遠離傷心之間。」如果我建議她與傷心同行,她會很難做到,即使是她推動著她自己。恐懼對個案是如此具有影響力的因素,而且學習深入恐懼是非常困難的。

　　如果你很仔細地觀看影片,你會注意到個案是多麼的焦慮。在先前的互動中,如果你仔細看著她的臉,你會注意到她咬著嘴唇,而且用力呼吸。當個案面對著如此巨大的痛苦,他們通常會相當害怕。我將我的工作視為我會盡可能地與他們同在。但是對新手治療師來說,這是難以做到的。設法盡快去減輕痛苦是相當誘人的。因此,當新手治療師遭遇到這麼強烈的痛苦,他們往往去做與具助益性完全相反的事情;他們往往會讓個案放心、舒適等等。我想反其道而行:我不會用任何方式帶他們離開他們的經驗,但是我努力讓他們知道他們並不孤單。

　　在療程的後期,最有意義的兩極浮現:個案的思考部分與感覺部分。如果我努力讓她停留在感覺模式,或者如果我作了任何貶低思考部分的陳述,我認為那會具有傷害性。我先前說過兩極的兩個部分都是好的。兩極——思考與感覺,在 DVD 療程中是這個概念最好的例子。思考模式是好的,個案需要這個模式。思考模式幫助她正常地工作、功能的維持和清楚

地思考。當她在感覺模式中,她很容易受傷,而且有時候她會感到絕望。如同我在兩極部分所提到的,目標是整合兩個部分。也如你所想的,整合的歷程並不容易,而且通常不會是平順的過程。

🍀 摘要

在本章我所做的努力是描述幫助治療師辨認與回應抗拒的有效方式。本章所討論的想法之一是與抗拒同行,而非與之對抗。另一個所討論的想法是放鬆之前先緊繃的原則。「放鬆之前先緊繃」的原則在處理抗拒上有良好的成效。有時候我們會把抗拒稱之為準備的議題:個案沒有準備好要改變。改變是困難且又讓人害怕的,身為治療師,我們需要提醒自己這一點,同時我們需要提醒自己,要個案放棄長久以來的自我挫敗行為,對個案來說有多麼的不安。

 反思

✳ 實務工作者的反思

1. 你如何與抗拒工作？
2. 是否有一些處理抗拒的技術是你需要增加到你的技能清單中？
3. 試想一個你會描述為抗拒個案的人。本章的一些內容是否能夠幫助你與個案的抗拒能更有效地工作？
4. 對於與身體的防衛工作，你的感覺如何？你有多常看到用身體的防衛來停止感覺的個案？你如何回應這類型的抗拒？

✳ 督導者／諮商教育者的反思

1. 我們的諮商受訓者是否有學習到如何有效地處理抗拒？
2. 我們臨床的指導老師是否知道如何去教導這些技巧和概念？
3. 本章是否有任何內容是你或你的同事能運用來幫助諮商受訓者更有效地因應個案的抗拒行為？

第 **9** 章

悲傷

🍀 沙盤與悲傷

　　沙盤是一種與悲傷工作的完美介入，也是一種表達性藝術媒介。悲傷通常會涉及對往事的記憶（有時候是最近的事），而當個案在創作含有失落的意象和象徵的景象，沙盤會提供給個案視覺和動覺的經驗。悲傷也涉及到在當下經驗到感覺。

　　在 DVD 中，當個案在**創作**景象時，她開始經驗到悲傷的感覺。握著代表著她兒子的物件，引發她失落與悲傷的痛苦感受。沙盤的動覺特性提供個案一種強而有力的非語言方式來經驗悲傷。人物、沙子、物件排列成有意義的圖像，都允許個案不用隻字片語就能經驗他們悲傷的感受。沙盤在視覺上也提供具有影響力的外在象徵之描述，那些象徵對個案是有意義的。每當個案有所選擇，她能在沙盤中看到物件的象徵與物件群體的象徵。

　　如同我先前提到的，當他們經驗到更深度的感覺與失落的感受之時，個案會經驗到兩極，失落顯然是個案經驗到最深度的感覺之一。因此，身

為沙盤治療師，你應該預期個案不願意表達悲傷與失落的感受，即便有一部分的個案想要也需要去哀悼失落。這兩極是對放手體驗與感覺痛苦的害怕，以及經驗失落的感覺。當你與正在悲傷中的個案工作時，只要知道可能會有什麼預期，將能幫助你避免一些挫折。

🍀 否認死亡

　　身為在這個國家長大的歐裔美國人，當談論到死亡與失落，我看到與我相同文化背景的人們有一種傾向。多年來，讓我感到不安與擔心是許多歐裔美國人比起其他文化背景的人們，往往會盡可能地較少哀悼、否認死亡，以及逃避悲傷的歷程。我在許多的葬禮上看到失去配偶的人會**因不悲傷被讚許**。他們很稱許**不要悲傷**。在葬禮之後我聽到人們說：「她把持得真好。」這個現象總讓我感到困惑與不安。為什麼人們很讚許不要悲傷？真正關心死者的人，不會有人感到痛苦嗎？為什麼面對死亡與結束，我的文化所採取的態度，我認為是假的？

　　我能想出來的唯一答案是：我們害怕死亡，而且相較於不太富裕的文化，我們擁有更多否認死亡的技術。我曾參加過歐裔美國人的葬禮，一般不會有人大哭。男性哭泣的話會更糟糕。雖然我比起大部分來自相同文化的男人更容易哭泣，但我曾參與許多歐裔美國人的葬禮，男人在葬禮中甚至不會流淚。

　　當然，否認死亡是美國體制的一部分。當有一個人死亡的時候，遺體會盡快地從家中搬離出去，這否定掉家庭有陪伴所愛逝者的機會，以及真正經驗死亡的事實。我參加過的典型葬禮，「復原」的遺體延續對死亡的否認。人們會評論死者看起來多麼莊嚴。我發現這個體制是讓人痛苦的。

　　也許另一個人們傾向於否認死亡的原因是自相矛盾：我們在許多方面都比動物優越，但是我們跟牠們一樣都會死。Becker（1973）指出「人類（Man）從字面上分成兩個部分：他意識到自身顯著的獨特性，他從本性

中延伸出至高無上的權威，然而最終卻盲目與沉默地回到幾吋的地底之中」（p. 26）。死亡的事實讓人難以接受。

希望甚至會成為我們否認死亡的一部分。你是否曾聽過有人希望能長生不老？當一個人接近疾病末期的盡頭，希望會妨礙悲傷的歷程。我認識有人希望他們的配偶接受他們死亡的事實，但是他們的配偶不接受。在這種狀況下，希望成了一種障礙。有些人希望在閉上雙眼時能做到這一點。

多年前，我有一個個案，他的妻子因癌症病逝，悲傷支持的照顧者將他轉介給我。當個案開始告訴我他的故事，很顯然他抱持著希望，一直到他妻子去世。他的妻子曾試圖與他談論她的死亡，而他已經成年的孩子也曾這麼做。我認為他相信抱持這個希望是為了他的妻子，但是很顯然是為了他自己。他只是無法面對妻子的死亡。

🍀 我的悲傷故事

二十年前，當時我是小學的諮商員，我在服務的學校接到電話，我的母親在附近醫院的心臟照護科。我感到相當的害怕與震驚。那天稍早，她一如往常地外出工作。當她在醫生的辦公室裡進行例行性的壓力測試，她突然昏倒了。幸運的是醫院就在對面，我火速趕到醫院，歷經無法找到她的挫折時刻之後，最後我找到正確的醫院位置。我記得我走進這個區域，看到我的母親，我開始嚎啕大哭，母親則是努力地安慰著我。

我兩個妹妹隨後到達醫院，讓我驚訝的是其中一個妹妹——金（Kim）並沒有流淚。金告訴我和另一個妹妹，為了母親她必須要堅強。幾天之後，母親、我妹妹和我被告知，我母親的主要動脈有 99%的阻塞，次要動脈也有大片的阻塞。她需要接受雙重分流的手術，這是額外的衝擊。手術醫師向我們保證存活的機率很高，這倒有點幫助，但是手術前 24 小時的預備階段是非常的煎熬。我記得當我母親被推進手術室的時候，她看著我的眼睛說：「幫我照顧史黛西（我同母異父且又輕度智障的妹妹）。」我向

她保證我會照顧妹妹。很顯然，我母親已經考慮到她有可能會死在手術台上。金對她說：「你會沒事的。」

很幸運，我母親的手術順利，並且住進加護病房。她看起來糟透了，我不再詳述，但是她的臉色發黑。她那時是個老菸槍，對她的健康沒有任何幫助。當我們得知她已經完成了手術，我哭泣是因為我很感謝她仍活著；我哭泣是當我第一次看到她無意識地躺在加護病房的床上。金告訴我雖然母親還沒有恢復意識，但為了母親我們要堅強下去。而金也開始抱怨她的頭痛。

在我母親開刀住進加護病房期間，我注意到除了我母親之外，我不再關心任何事情。接下來幾天只要我時間允許，我的例行公事就是待在醫院，而當其中一個妹妹來陪伴母親時，我就回家休息。我開始注意到除了我母親外，其他的事情對我來說都無關緊要。我開車方式開始變得有些不同。我通常是開快車的人，但現在似乎沒有任何需要快的理由。我也注意到一般會困擾我的事物似乎都變得無關緊要。Jones（1989）將這個經驗稱之為「靜止的世界」（stopping the world），澄清了我生命中重要的事物。過去我認為很重要的事物，現在對我而言幾乎是微不足道。

現在，當我回頭反思我母親心臟開刀的手術以及我的經驗，我把這些經驗視為是生命的轉捩點。這是我第一次近距離與死亡接觸，我從中有很多的學習。雖然我很困惑金對於母親手術與住院治療的反應，我想對於當時發生了什麼事情，現在我有更好的理解。保持忙碌與懷抱希望能讓金更有安全感。她無法面對母親有可能會死亡，所以她不願意去面對。我希望她能允許她自己去經驗那些感覺，我知道那些感覺一定深藏在表面底下。

幾個月前，我的母親差點死於動脈腫瘤。我接到電話，我的母親在醫院裡，她的病情絲毫沒有起色。我的妹妹麗莎，告訴我由於母親的年事已高（八十歲），醫生沒有把握她能從手術中存活下來。我母親現在住在加州，當我與妻子從德州搭機前往，我意識到這可能是我最後一次看見母親。我很天真，從未想過我可能沒機會道別。很幸運地她熬過一切，而且復原狀況良好。

　　如果我未曾經驗到類似這些悲傷與失落的時刻，我不認為現在我能在相同的層次上同理我的個案。我們不會真正的去感謝這些經驗，除非我們經歷過。而這些是無法用言語來充分描述的。傾聽他人失落的故事會有所幫助，但是當你自己親身經歷又是另外一回事。

🍀 DVD 療程中的悲傷

　　在 DVD 中，你會注意到個案揭露朋友與熟人曾詢問她：「你認為現在是前進的時候嗎？」雖然我認為這些人的立意良善，但是我覺得他們的問題很荒謬。個案經驗到的失落，對任何人來說可能是最難熬的失落，特別是為人父母者。當我看到列表上最具壓力的失落，喪子之痛名列第一，是一個人所經驗到最具壓力的失落。孩子自殺會顯著地讓失落指數大幅度的增加。我曾經在發表的時候，對諮商員們呈現這段 DVD 影片，當他們聽到個案的兒子自殺，聽眾之中為人母親者會面帶抽搐且倒抽一口氣。這是每個母親的夢魘。

　　如同我先前在本書所說的，我所努力做的是**與個案同在**。當個案在DVD中談論她的沙盤（從片段12開始），她分享景象中極為痛苦的部分，她兒子溺水，而她試圖去拯救他，我努力陪伴她去經歷這極為痛苦的經驗更甚於其他的事情。我沒有試圖要帶她遠離痛苦、使她安心，以及淡化她現實生活中的悲劇，我只是想陪伴她進入她那黑暗與痛苦的地方。在處理悲傷議題時，我認為治療師應該要多陪伴個案勝過於其他的技術。

　　讓我們看幾個 DVD 中的逐字稿片段，當然逐字稿的片段遺漏了許多我和個案之間發生的事情，你會看不到聲調、節奏、片刻的沉默與碰觸，這些讓文字不只是文字。但是，讓我們看看在沙盤療程中關於悲傷部分的逐字稿。片段12中個案所說的話在這裡顯得又多又長，在進入討論之前，你可能會想回頭看逐字稿，以及瀏覽整個對話片段或觀看這部分的DVD。

　　治療師與成人個案進行口語會談所會面臨到的問題之一就是，他們有

時候會滔滔不絕地講很久，表達的內容很多，對於許多個案所分享的主題，治療師很難知道要回應些什麼。片段 12 個案的內容非常長，在真實的療程中，並沒有這麼長，因為在治療的療程中，對時間的感覺並不相同。當我在轉謄這個部分的時候，我才意識到有這麼多內容。在她談論完盲目樂觀的人代表著她，以及痛苦的部分是想要從河中拯救她溺水的兒子之後，她將話題轉移到上帝，談到上帝沒有保佑她的家庭。個案問我說：「但是你如何能夠信任上帝呢？你在聖經裡讀到祂會保守你平安。接著，在類似這樣的事情發生之後，你會說：『聖經說祂會保守你平安。』結果祂並沒有保守我們平安。」我選擇用下面的對話來回應：「所以在諾亞去世之前，你感覺到祂在保守你們平安。接著，在諾亞去世之後，就變得像是我不知道、或是我錯了、或是我認為祢會一直保守我們平安，而祢卻沒有做到嗎？」

個案曾相信某些事物，而信仰或信念的失落，對她來說是另一種失落。當一個人已經相信某些事物好一陣子，接著了解到現實並不是如此，這就是一種失落。雖然她很清楚，也意識到她所自稱的天真，但是失去一些保證，像是「我以為我會很平安」之類的信念是很痛苦的。

在上帝與平安的議題結束後不久，我對她的回應如下（片段 14）：

　　嗯，如果我們回到在這樹上的諾亞，你說到他多麼的喜愛大自然。而他就在那，我想到你說蝴蝶代表著在天堂裡的其他人？所以，他們很開心，當你聚焦在諾亞身上，你會感到安慰，我不曉得。但是當你談論到這個的時候，似乎並未如你所描述的那樣的安慰：他在天堂與在這樹上。

接著，個案說（片段 15）：「嗯，我知道我應該去思考一下，諾亞很快樂，是因為我假定諾亞快樂能讓我感到安慰。但是我猜想我需要多停留在他的快樂，少停留在我的悲傷，如此我的痛苦才會減少。」這個議題是一個複雜的悲傷歷程。當人們認為哀悼是不好的、傷心是不好的、經驗自

己的感覺是不好的，而對的事情就是去想著死者的快樂。經驗失落的人會在悲傷歷程中感到困惑與心煩意亂。我現在所處理的個案議題不是悲傷本身，而是一個兩極議題，介於她失落的感覺，以及外在與內在壓力促使她聚焦在她兒子的快樂之間。這只是在她生活中的另一股力量來告訴她不要悲傷。

停留在 DVD 療程的這個部分，個案說（片段 17）許多人都建議她想著她兒子的快樂。我問她：「獲得這建議的感覺像什麼？」她的眼眶泛淚，她說：「嗯，這個建議會讓我感到罪惡，因為我沒有聚焦在他的快樂。」我問她「像是什麼感覺？」的問題有兩個原因。我希望她回到此時此刻，同時也希望聚焦在她對於建議的感覺而非想法。就如同我提過的，當治療師與感覺工作，詢問個案：「像是什麼感覺？」是很有效的方式來聚焦與描述現在的感覺。

請記住，個案無法同時分析與經驗感覺。我曾督導過許多治療師都很努力問個案問題來催化情緒的覺察，但卻不經意地轉移到個案的想法。在本書中所介紹的這個方式，其中一項好處就是治療師能學習一些催化覺察情緒的實用技術。當沙盤治療師與悲傷議題工作時，假設治療關係有信任的基礎，這些催化的技術會非常有幫助。

我們現在回到悲傷與沙盤治療。實質上，悲傷議題的個案會想要從 A 點（失落的感覺）到 B 點（解決失落的感覺）。許多個案可能會勉強接受痛苦、孤獨、恐懼和生氣的停止，但是有很明顯的原因能夠理解為什麼解決與接納是更好的。雖然如何定義悲傷歷程有許多不同的觀點，也有一些文獻在專業術語上支持悲傷風格，而不是悲傷歷程，在本書中我的觀點是悲傷是一個歷程。

過去幾年來，我曾用螺旋圖來形容悲傷的歷程。在圖 9.1 中，我用圖示來說明螺旋式的悲傷歷程。你會注意到在左下角的螺旋圓圈較小，而在右上角的螺旋圓圈較大。圓圈代表悲傷歷程的循環，許多人說失落的感覺起伏不定，是反覆且難以預測的。從小圓圈發展成大圓圈代表時間的推進。在這個範例中，小圓圈代表一小段時間。左下角最小的圓圈代表幾分

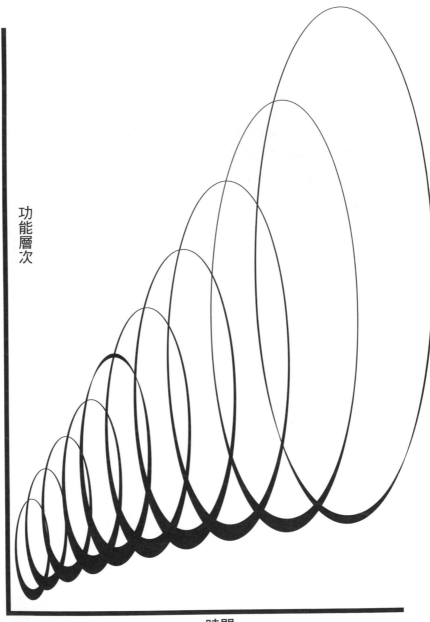

圖 9.1

鐘或一兩個小時。右上角最大的圓圈代表一大段時間：幾個禮拜或幾個月。每一個圓圈的底層代表一個低潮或悲傷的時刻。

　　一個人一旦經驗到某人已經死亡的失落被承認（至少在某種部分），就會時常經驗到失落的感覺。你也會注意到線條粗細上的差異，左下角厚重或粗黑的線條代表悲傷的感覺非常強烈。隨著螺旋從左下方移動到右上方，你會注意到粗黑的線條會減少到一個程度，右上角的線條則較為細薄。本質上，線條越厚或越粗，悲傷感覺會越強烈。總結這個範例，隨著時間的推進，悲傷感覺在頻率和強度上會逐漸減弱。

　　當然，會有許多的因素妨礙或支持著悲傷歷程。一個非常重要的因素是支持的程度。當人們經驗到失落的時候，他們會接受到許多不同程度的支持。如果你還記得 DVD 的後段，當個案談論到她的丈夫，很明顯她並未從丈夫身上接受到她在悲傷所需要的支持。人們如何悲傷，人格類型是一個因素。在「梅布二氏人格類型指標」（Myers-Briggs Type Indicator, MBTI）中，有感覺型和思考型。在美國，60%的男性是思考型，60%的女性是感覺型。人們會假設感覺型的人比起思考型的人更允許自己去經驗悲傷的感覺。我憑直覺猜測，感覺型的人會經驗到更多悲傷的感覺，但是我不知道是否有任何研究能夠支持我的猜測。此外，MBTI 中內向型的人往往較少談論他們悲傷的感覺，但是他們會比外向型的人有更多的感覺。

　　內在的心靈議題、文化差異，以及原生家庭的議題，都是其他影響悲傷歷程很重要的因素。家庭在處理悲傷／失落的感覺以及其他的情緒會有其風格。有些家庭可以開放地表達感覺，然而有些家庭是要壓抑感覺而不能表達。在其他的家庭中，有些家庭成員能表達生氣，然而像是害怕或是難過的感覺則是由其他的家庭成員來表達。文化差異會對悲傷歷程造成極大的差異。如同我先前所提到的，許多歐裔美國人往往較少開放地表達悲傷，然而許多非裔美國人則比較開放地表達悲傷和失落的感覺。

　　一般來說，有些人對感情會高度防衛，而且運用非常多的精力來忍住淚水。有些人會運用防衛，像是縮小化和合理化來逃避失落的感覺。還有些人會有不在人前落淚的習慣。上述列舉會影響悲傷歷程的簡要因素不是

相當完整或經過科學驗證，然而，我注意到人們如何允許或不允許他們悲傷是有無限多種的因素。

如果人們不是真的悲傷，這個範例就沒有用。在我們的文化中，人們通常都會去否認、逃避和抗拒感覺，特別是悲傷和失落的感覺，這是很平常的事情。對於不允許自己去經驗這些感覺的人們，這個範例沒有描述到他們的悲傷歷程，因為在本質上，他們還沒有進入悲傷歷程。

現在我們回到 DVD 中個案的悲傷議題，我試圖運用策略來催化她的悲傷歷程。個案與我聚焦在那些別人提及的沒有幫助的建議，以及她的罪惡感之後，其他悲傷的感覺浮現出來。在片段 18 和 20，個案說儘管如此她相信有一天她會聚焦在她兒子的快樂。在這個時間點，她問道：「兒子，你怎麼能夠這樣子對我？你怎麼能夠拖著我來經歷這一切？」在療程中的這個時間點，我一開始試圖去催化她悲傷歷程的方式是複述她在片段 18 所說的內容。接著，在片段 21，我說：「所以當你想起這些，想到他做了什麼，以及對你造成的衝擊，即他選擇結束自己的生命對你造成衝擊。現在當你想到這些事情的時候，你內心發生了什麼事情？」她回應說：「仍有非常大的毀滅性，有非常大的毀滅性。」

我在片段 21 做出這樣的回應，原因是我試圖要她的悲傷停留在此時此刻，同時更深入她的感覺。因為我已經很有經驗，也因為我與個案的關係很穩固，所以我不擔心詢問類似這樣的問題。就如你所知的，如果你還記得她在 DVD 中說了些什麼，她沒有很多的悲傷支持。事實上，許多和她互動的人會妨礙她的悲傷歷程。我相信我是極少數能夠幫助她在悲傷歷程中有所進展的人。

當個案說這對她是有毀滅性，我努力要做的是與她同在，並且停留在感覺之中。一般來說，當類似這樣的感覺被表達出來，我會先慢下來，聲音變得輕柔，有時候我會更靠近個案。我夠相信悲傷歷程與個案，所以我不覺得需要讓她感覺好一點。

逐字稿會讓人有些誤解的地方是，很容易遺漏沙盤在療程中對個案感覺所造成的影響，除非你觀看她看得非常仔細。在療程中有許多次她並未

提到任何關於物件或景象的事情，但是她卻看著部分的物件和景象。甚至在個案聚焦特定的人物或群體物件之後，持續的視覺衝擊是沙盤力量的一部分。

🍀 因應之道

處理摯愛去世的個案，他們在生活中仍然有其他責任，有其他的事情需要他們去照料。即便個案請了喪假，在悲傷歷程完成之前，喪假早就結束了。因此，很重要的是悲傷個案要在悲傷與因應之間取得平衡。如同圖 9.1 的說明，因應的期間會隨著時間的推進而延長。悲傷歷程的第一個月，很難取得這樣的平衡。悲傷會是主要的焦點且重要到一定程度，而逃避因應。但是幾個月過後，在兩者之間取得平衡雖然會很困難，但卻是可能的。以我的觀點，治療師的角色是要支持與鼓勵悲傷的歷程與因應。

遺憾的是，個案很難在他們個人的生活中獲得支持來取得平衡。許多曾與我工作過的個案，就像 DVD 中的個案，都會接收到來自於生活中同儕與家庭成員的壓力要他們往前走。我大多數經驗到失落的個案，很少聽到他人說慢慢來。我對個案的希望是他們能接收來自生活中至少一或兩個人的悲傷支持。

🍀 摘要

本章目標在說明沙盤對悲傷個案的重要性，以及在 DVD 中我對個案使用沙盤與特定催化技術的價值。此外，我試圖說明悲傷歷程與討論一些影響悲傷歷程的障礙。有鑑於失落的感覺是如此痛苦與不安，我也提供一些關於個案可能會不願意感覺或表達如此強烈感覺的注意事項。

反思

1. 你的家庭如何處理悲傷和失落？當你長大成人，關於死亡和失落的議題，你的家庭會如何教導你？

2. 現在的你是傾向如何處理悲傷？

3. 在治療的療程中，你的個案多有意願去經驗和表達失落的感覺？

✱ 督導者／諮商教育者的反思

1. 訓練諮商員處理悲傷失落，你的課程準備有多充分？

2. 有鑑於你的學生很有可能會與經驗到失落的個案一起工作，在你的課程中有多麼重視悲傷議題的了解，以及獲得必備的技術來催化個案的悲傷歷程？

第三部分 ／ 督導、研究與
訓練

人本取向沙盤治療

第 10 章

督導

　　我們根據受訪者的陳述與其他的想法，在進階學生階段必定有
的特徵是學生自信的變動。同時感到自信與專業不確定性（Logan-
bill, Hardy, & Delworth, 1982; Stoltenberg, 1981）。這在此階段的督導
中創造緊張的氛圍，緊張的氣氛會比其他的發展階段更加強烈。一
方面感到自信，另一方面的專業無把握與易受傷感，兩者之間的鴻
溝會使得這個階段的督導更加複雜。

—— *M. H. Ronnestad & T. M. Skovholt*（*1993, p. 400*）

　　本章不同於書中的其他章節，是特地為督導者撰寫的成分居多。在本
章我提到關於督導的部分，可能會引發督導者有更多的興趣，因為我會聚
焦在督導理論的議題，以及我如何在督導中運用沙盤。督導對實務工作者
來說很重要，然而，本章的目標是提供一些有幫助的資訊給有需要或有意
願參與督導的實務工作者。一開頭我引述 Ronnestad 與 Skovholt（1993）
的話來聚焦在進階的研究生，以及本章多數實務上的評論，都是從我督導
進階受督導者的經驗中而來。如果你正在修習進階的課程，像是博士班的
課程，不太可能隨意在沒有督導的狀況下進行實務工作，但是你可能是有
執照且私人執業的實務工作者，但是沒有接受督導。我會解釋為什麼持續

參與督導的經驗對你整個專業的發展來說很重要。

　　Mahoney（1986）關切於治療師的培訓課程太過強調同理的技術，太少強調關係，以及當下與個案同在。Hansen（2005）觀察到諮商員的訓練課程相較於過去幾十年，較少強調了解個案獨特的個人經驗。Hansen將此部分的減少歸因於日益強調關係的技術和醫學的模式。雖然在本書中我曾強調一些技術，我的意圖大部分都聚焦在個案與真誠且同理的治療師之間此時此刻的經驗。學習如何有效地回應個案，學習在當下如何陪伴個案，學習如何與個案同在並接納個案，這些不論是在督導教導時，以及受訓者在了解與練習都是困難的。學習這個取向最好的方式就是透過督導與訓練。

　　不論你是治療師或是督導者，諮商員／治療師發展的概念很重要。對治療師來說，一個好的諮商員／治療師發展理論能夠去解釋與描述，在不同發展的時間點上，什麼是正常的。什麼樣算正常的知識，對於在不同發展階段的治療師來說非常的有用，能去確認你的經驗是否正常。當你的專業發展有所前進時，也能幫助你預期所會遭遇到的挑戰類型。對督導者而言，良好的督導發展理論應該要能告訴你對受督導者的介入，以增加你與可能需要或期待你督導的治療師們的督導效能。

　　可惜的是許多督導的發展理論往往聚焦在研究所階段。這種趨勢是一個好的開始，但是研究所畢業之後呢？對我來說，一個良好的諮商員／治療師發展理論，應該要有寬廣的範圍，足以涵蓋一生中的專業實務工作歷程。在下個部分，我摘要出 Ronnestad 與 Skovholt（2003）的諮商員／治療師發展理論。如果你有興趣，我強烈建議你閱讀他們的文章，我已經從中獲得很大的幫助。

🍀 諮商員／治療師的發展模式

Ronnestad 與 Skovholt（2003）研究「身為諮商員／治療師的實務工作

者，隨著時間的推進，他們如何去經驗各式各樣與工作相關的參數而變化」（p. 7）。運用縱貫研究設計，Ronnestad 與 Skovholt 聚焦在諮商員／治療師發展的長期研究。這份研究訪談 100 位美國不同經驗階段的諮商員／治療師，包括新手、進階研究生以及專業年資平均五年、十年與二十五年且擁有博士學位的實務工作者。Ronnestad 與 Skovholt 邀請治療師反思目前與回溯過去的生涯議題。

　　經過多年來不斷地修正最初的諮商員／治療師發展模式後，Ronnestad 與 Skovholt（2003）將他們的階段模式（stage model）再修正為時期模式（phase model），因為他們相信時期比階段更能代表諮商員／治療師的現實發展。Ronnestad 與 Skovholt 決定取代階段的概念，因為階段是指功能的性質在等級與順序上有所差異，他們不認為這個概念能夠反映出諮商員／治療師的現實發展。另一方面，時期的概念會強調「治療師所經歷到漸進而持續的改變」（p. 40）。Ronnestad 與 Skovholt 的模式有六個時期：外行的助人者時期、初階學生時期、進階學生時期、新手專業時期、經驗豐富的專業時期，以及資深專業時期。

　　當我讀到**外行的助人者時期**的概念時，立刻引起我的興趣。在學術界，關於研究所學生在諮商準備課程開始之前的助人經驗，鮮少被聚焦。Ronnestad 與 Skovholt（2003）提到外行的助人者對於求助者情緒回應的特點是同情心，而非同理心。同情心是一個指標，助人者可能會過度涉入求助者的生活，因此助人者容易給予求助者具體又強烈的建議。大多數的研究生曾告訴我說，當他們進入我們的諮商課程，他們認為諮商員的工作就是給予求助者好的建議。

　　Ronnestad 與 Skovholt（2003）對時期 2 的描述是，**初階學生時期**充滿刺激、挑戰，有時候甚至會有過度負荷之感。從外行的助人者時期到初階學生時期的挑戰之一，是受訓者被期待停止使用熟悉的「助人」方式，像是他們之前所運用的同情心和給予意見，同時學習新的催化性回應來與個案互動。自我懷疑、自信心低落和焦慮都是受訓者在這個發展時期常見的經驗。對這個發展時期的學生來說，訓練的經驗很具有威脅性。示範很重

要，提供正向回饋的督導者會受到高度的重視，而批評則會有負面的影響。

進階學生（時期 3）大部分往往會經驗到正向的督導過程，而且能夠去確認督導者的能力與限制。進階學生更能覺察，也更有意願去探索複雜的議題，像是個案的抗拒和防衛。進階學生喜歡觀察有經驗的實務工作者，根據 Ronnestad 與 Skovholt（2003）的描述，因為進階學生沒有許多機會能夠這麼做。根據一個學生所言：「督導和有經驗的人都不願意示範技術。」（p. 16）有些進階學生有機會去督導初階學生。進階學生督導初階學生的好處之一，就是進階學生能夠看到他們已經學了多少。

新手專業時期（時期 4）包括畢業後的頭幾年。透過他們訪談這個時期的實務工作者，Ronnestad 與 Skovholt（2003）學習到「有一個持續再次形成的過程，在概念與行為層面上『流洩與補充』的過程」（p. 17）。新手專業人員往往會經歷一段時間來確認他們訓練的有效性、遭遇某種專業上的挑戰而對於訓練產生**幻滅**，以及**探索**自我及其專業的環境。研究所畢業之後，當新手實務工作者經歷免受外在評估的自由，並且面臨預期外的挑戰的驚訝感。缺乏指導是很讓人惶恐的，因此許多新手治療師會尋找良師益友的指導與支持。大多數新手專業人員並未準備好去面對他們所遭遇到的一些挑戰。一位女性的實務工作者說：「我意識到研究所訓練真的有落差，有太多我必須去處理的事物，而研究所並未提供這些訓練。」（p. 18）

Ronnestad 與 Skovholt（2003）對**經驗豐富的專業時期**（時期 5）的發展提供廣泛性的描述，由於此時期太過廣泛以至於不能適切地涵蓋此時期的發展。然而，這個時期的特徵是更深度的了解治療關係的重要性、在角色與工作風格上有更多彈性，以及意識到許多所遭遇到的挑戰通常是沒有明確的答案。Ronnestad 與 Skovholt 所介紹的一個概念是「慷慨的界線」（boundary generosity）。慷慨的界線包括了有經驗的專業人員有能力在療程中與療程後深度地參與個案，也能夠再次集中他們的注意力，全心投入與不同的個案工作。善於此種能力的治療師能夠在一天的結束時能夠更新

而非耗竭。

最後，諮商員／治療師**資深專業時期**（時期 6）的發展包括被他人所認可的資深專業人員。在 Ronnestad 與 Skovholt 的訪談中，第一次訪談中這些治療師的平均年齡是 65 歲，當他們再次訪談時，治療師的平均年齡是 74 歲。許多治療師已經在他們的生活中經歷過重大的失落：失去良師益友、失去理想，以及失去來自於同事的強大影響力。許多資深專業人員在退休或即將退休的過程中，厭倦會是一個挑戰。儘管有這些挑戰，他們通常會自我接納，也很滿意他們的工作。治療師的生命和旅程可以是有報酬感的，也是挑戰，有時會無法預測，有時希望能有所滿足。如同 Ronnestad 與 Skovholt（2003）所提到的，新手專業時期如果不是最具挑戰的時期，也會是最具挑戰時期之一。如果你是這個層級治療師的督導者，我相信來自 Ronnestad 與 Skovholt 在這時期的資訊是非常有幫助的，特別考量到其他發展模式一般只有到研究所畢業。我大部分的受督導者都曾在進階學生或新手專業時期，雖然有些博士生可能會處於經驗豐富的專業時期。當然，每個受督導者是不同的，而且在治療師發展的每個時期，受督導者的開放性是非常重要的因素。

當我將本章的焦點從一般的督導轉換到沙盤和督導，我想起當我還是博士生的時候，我自己參與督導的經驗。當我還是博士生的時候，我的幾個督導者提供我們一些結構化的活動，而那些活動是計畫用來催化成長和覺察。我認為這些成長的活動非常有幫助，所以我持續運用相似的哲學與我的受督導者工作。最有幫助的其中之一就是沙盤。

🍀 受督導者的沙盤

幾年前，我參與由 Terry Kottman 所發表的運用沙盤與遊戲治療受督導者進行督導。在發表的過程中，Terry 呈現受督導者沙盤的幻燈片。這些沙盤讓人難以置信，有一部分是因為受督導者從 Terry 所蒐集的物件中挑選，

那些物件所包含的象徵是我前所未見的，而且受督導者的自我覺察在沙盤中浮現。在督導中運用沙盤，Terry 的幻燈片是非常出色的例子：**受督導者創作出捕捉住受督導者與特定個案之間動力的景象**。這些景象中的意象有感到受困的、有個案抗拒的、受督導者的惱怒或厭煩等等。這個取向非常有價值，我強烈建議你參加任何類似 Terry 在這個領域所做的訓練。然而，過去五年我曾運用這個取向與受督導者督導，這個取向的督導焦點非常不同：**創作捕捉受督導者目前生活的景象**。這些景象包括治療師的生活，以及**個人的生活**。我在景象中將個人議題納入的原因是，這些議題會影響治療的品質，而且我相信個人與專業上的成長經驗是重要的。在圖 10.1 的例子（參見 157 頁），你可以看到受督導者在描述她目前的生活景象。如你所能夠描述的，這個景象包括受督導者生活中的許多部分，包含有家庭與靈性的意象。

我們都希望在治療過程中能夠把我們的議題先放在一邊，在某種程度上，我相信我們是能夠做到。然而，治療師也是人，我們會擔心、生氣、掙扎、遭遇失敗，也有未竟事物。回到 Ronnestad 與 Skovholt（2003）的模式，有經驗且善於「慷慨的界線」的專業人員，他們會更能從個案身上區隔出他們自己的議題，甚至是有經驗的專業人員也會從個人成長的經驗中獲益。大多數的情況下，我與發展層次在進階學生時期的受督導者一起工作。他們往往身處在巨大的壓力下，努力去平衡他們個人與專業的生活。

我的受督導者採用的理論相當多元，但有許多是運用人本取向。治療取向較多是認知、焦點解決與行為治療，治療師的議題不會立刻出現，而是往往單獨聚焦在個案身上，雖然關係很重要，但不是最主要的。然而在人本取向中，關係更是主要的焦點，而治療師會選擇與個案分享她此時此刻的經驗。所以在當下的能力是最重要的。治療的品質跟治療師能否與個案在當下的程度成正比。因此，與個人的議題非常有關。如果督導者能提供一個環境，在其中處理個人議題是被接納，而且是安全的，如此受督導者會更能覺察個人議題如何妨礙治療關係的發展。提供受督導者個人成長

的經驗是受到諮商與相關教育課程認證協會（CACREP）要求的。沙盤對受督導者來說是非常有幫助與影響力的個人成長經驗。

在過去，諮商員的訓練課程似乎比今日更強調這些經驗。在今日大學的氛圍之中，當談論到提供受督導者自我覺察的活動，我發現教授會有些猶豫，而且過度謹慎。美國諮商協會的倫理守則（American Counseling Association, 2005）鼓勵諮商教育者「當他們所設計的訓練經驗是需要引導學生與受督導者自我成長或自我揭露的時候，他們要運用專業的判斷」（p. 15）。顯然，我們這些諮商教育者在提供訓練經驗時，必須注意倫理規範，也需要運用專業的判斷。要在什麼地方與受督導者劃出界線並不是很清楚，而是需要判斷，但我相信是能夠辨識的。

然而，我所看到的趨勢是諮商教育者被恐懼所引導，且已經多過於他們應該恐懼的程度了。如果諮商教育者關心他們訓練經驗的**正當性**多過於他們關心催化成長與覺察經驗的**有效性**，我相信諮商教育者會錯失掉很重要的目標。受督導者在這些訓練的經驗之中，可自由地限制他們自我的揭露，因此就需要專業的判斷。但是我關心的是我的受督導者的覺察層次，如果這些受督導者要能與他們的個案有效地工作，就很有必要去成長。

我的取向是邀請受督導者去創作關於他們生活的沙盤，很像個案所做的方式。我會邀請受督導者去創作他們所能夠做出最真實的場景。大多數我對受督導者的訓練會是兩人一組或是小團體，但是有些訓練會是個別的。當處理受督導者的沙盤時，我回應他們的方式很像我回應個案，但是變數會很多。我會跟受督導者確認如果她有意願更進一步探索這個地方，我會持續聚焦在當下。如果物件或群組物件的焦點是原生家庭的議題，我會聚焦受督導者目前對於家庭議題的感覺，而不是過去的感覺。我的目標是帶出治療性，而非扮演治療師（Yalom, 1995），有時候可能會有灰色地帶，但是我會謹記活動的目標是催化覺察與成長，而不是人格的改變。

🍀 與進階受督導者的督導

如同 Ronnestad 與 Skovholt（1993）在本章開頭的描述，督導進階學生是很複雜的。我很欣賞進階受督導者的一件事情就是他們比後輩有更多的自我覺察。雖然他們的自信心會動搖，但是他們在諮商能力上通常會有一些自信，因此要聚焦在個案身上不再是那麼重要。在學術場域，我與進階督導者大部分的督導過程是用三人小組的方式進行。我有機會督導一群博二的博士生，他們進行全年實習，同時參與三人小組，每週與我會面一次。

因為我用這樣的方式進行已有一段時間，博士層級的實習生跟上學期我曾督導過的實習生說過話，受督導者提出請求，要花費整個督導時間在受督導者個人議題的沙盤上是常見的。他們想要有機會與他們信任的人一起探索自己的東西。我曾督導過的進階受督導者，**他們**真的很需要這些經驗。他們不斷地被要求對教授、個案和同事付出。我努力做的是提供他們一個喘息的機會，讓他們的防衛卸下，讓他們有一個經驗是不用擔心自己看起來要是好的。他們不斷地被審視，也身處龐大的壓力之下要有所表現與貢獻。沙盤能夠提供他們相反的經驗，他們能夠從中獲得補給。我與其他的督導者不同，我不會去限制受督導者他們沙盤中的議題。他們被告知去創作他們生活的景象，就像是我會告訴個案的。就如同 Yalom（1995）提到的，與受督導者工作和與個案工作之間，有相似之處，也有差異之處。在技術層面上，我對受督導者運用許多相同的技術，我也會對個案運用。但是當探索受督導者的議題時，要選擇走得多深入，這方面我會限制我自己。

Skovholt（2001）提到發洩情緒對實務工作者很有幫助。當他們傾聽個案訴苦，以及來自專業和個人方面的壓力源，他們需要釋放一些情緒上的痛苦。許多要求與我進行沙盤過程的進階受督導者，會揭露他們在專業

的準備課程與個人生活中的高度壓力，他們感到自己的生活好像失去平衡，而沙盤過程能幫助他們釋放這些議題所帶來的挫折感。

　　當我與進階受督導者安排沙盤的時間，我發現兩個受督導者進行沙盤至少要有一個半小時，這是很重要的。一般我們督導的時間只有一個小時，但是我發現一小時不足以給予受督導者一個有品質的經驗。事實上，我比較喜歡要有兩個小時，但大部分的時間很難做到這樣。當我與受督導者進行沙盤督導，我不希望過程中的感覺是很匆忙的。

　　以下是一張受督導者的沙圖（圖 10.1）。沙盤督導過程的逐字稿在下頁，如果你創作過許多沙盤或者運用沙盤工作過一段時間，你會注意到沙盤的景象非常的侷限。所有的東西都集中在沙盤的中央，以某種方式糾結在一起。很難透過枝葉看清楚底下的人物，但是你會注意到有兩隻野生的大貓相互對立，並有一條蛇身處在其中。背景有兩隻小貓，一隻看向大

圖 10.1

貓，另外一隻則看向遠方。這裡有過程中的摘錄，本次督導時，我已經督導這位受督導者一個學期半的時間。

> 史　提　夫：看起來創作沙盤帶出你很多的感覺（放慢步調）。就從你那裡開始，你不用去談到沙盤中的意象，只要談談你現在的經驗。
>
> 受督導者：（淚水開始滑落）當我在伸手去拿物件時，我會試圖去判斷我的感覺。當我拿起那個的時候，我開始哭泣。那一個是代表比爾，我的先生（流著眼淚停頓了幾秒）。
>
> 史　提　夫：（用更輕柔的語調並向前微傾）慢慢來，這幾秒鐘你不需要說些什麼。
>
> 受督導者：（沉默了大約三十秒）現在我們在這裡，這裡沒有那麼糟，但卻有些可怕（看著沙盤）。
>
> 史　提　夫：那麼，多說一點「有些可怕」的這個部分。
>
> 受督導者：昨天是我們的結婚紀念日，但是我們沒有慶祝（吸鼻涕）。我們沒有做任何事情，也沒有慶祝。在過去幾個月，我很擔心我們的關係，但我已經被其他事情所填滿。幾年前，我們度過很糟糕的一年，我們的關係似乎又變得更糟。我擔心我們的關係會結束，我們會分開。
>
> 史　提　夫：當你想到分開的恐懼，你內心發生了什麼事情？
>
> 受督導者：我很擔心。我也告訴我自己，我知道這次我要怎麼做，我的反應也會完全不同。上次我失敗了，這次我不會再失敗。我會更加堅強，我也做得到，縱然會難過，但又如何呢？
>
> 史　提　夫：那麼會生氣嗎？
>
> 受督導者：因為他漸漸地疏遠我，也不和我說話。讓我覺得很可

怕的是我們又要回到老樣子。但是這一次，我不會勉
強接受這樣的事情，就算他不快樂，這次我不會這麼
努力，如果事情沒有成功，我也沒關係。上一次我並
不認為我會沒事。

史　提　夫：你說沒關係，但是當你現在想到這件事情，你並沒有
　　　　　　沒關係。

受督導者：就像是一個失落。

史　提　夫：確實是如此。沒關係是一種全球性或是一般性的用
　　　　　　詞，就像是說我會做到或是我沒問題一樣。但是當你
　　　　　　想到關係結束的可能性，你並不覺得沒有關係。

受督導者：這會非常的傷心，上一次我很傷心也很生氣，我不認
　　　　　　為我可以靠一個人來完成。現在如果發生了，我會很
　　　　　　傷心也很生氣，但是我沒關係。

史　提　夫：告訴山姆（另一位受督導者）如果我必須靠我自己獨
　　　　　　立，我沒關係或者類似這樣事情是真的。

受督導者：（面對另一位受督導者）如果我必須靠我自己獨立，
　　　　　　我沒關係（帶著信心）。

史　提　夫：當你這麼說的時候，你相信你自己嗎？

受督導者：我相信。

史　提　夫：我相信你（另一位受督導者也點頭）。

受督導者：我聽起來很平靜和果決。

史　提　夫：所以相較於你提到那很糟糕的一年，現在的你處在一
　　　　　　個更好的位置。

受督導者：好非常多的位置。

史　提　夫：（受督導者游移到其他事情約一分鐘後）如果我們回
　　　　　　到現在，如果要描述你們的關係，你會如何描述（看
　　　　　　著受督導者，也看著沙盤）？

受督導者：（看著沙盤）方便、忙碌。

史 提 夫：你會如何描述你們兩個之間的連結？

受督導者：並不好。他一直都在工作，而且他常常出差。

史 提 夫：什麼是你想從他身上得到的？

受督導者：我能和其他博士生在我們的課程中談論我所經歷的這些，但我無法像這樣跟他談論，因為他的眼神會呈現呆滯的狀態。

史 提 夫：聽起來是很寂寞的經驗。

受督導者：是啊，他一直要掌控而且脾氣暴躁，就像幾年前一樣。

史 提 夫：吹毛求疵嗎？

受督導者：是的！當他這麼做的時候，我想我們又來了。

史 提 夫：聽起來也很受傷。

受督導者：是的，爛透了！以前當他有這樣行為的時候，我很退縮。現在至少我會告訴他，我不喜歡他所做的。

史 提 夫：（受督導者花一分鐘談論到未來之後，我把焦點回到沙盤上）當我看這個人物（摸著左邊的大貓），這是比爾對吧？這個人物的攻擊性一定比那個少很多，那個（右邊的大貓）……

受督導者：那個是我。

史 提 夫：看起來更具有攻擊性，是故意的嗎？

受督導者：是的。他很懶散，不受拘束。

史 提 夫：有點消極被動。

受督導者：我則是起身離開，到一些地方，處理一些事情。

史 提 夫：誰更在乎關係的維持？

受督導者：是我。我想讓關係更好。他不會投入心力或精力在關係上，但我會。我知道那是因為我有學習到這一切，也知道這一切。如果我接受到新的教育或學習到新的事物而給予他暗示，他也不會接受。如果他更接納

　　我，他就會看到他的胡言，然後有一些成長和改變。

史　提　夫：所以和一個不願成長的人結婚像是什麼？

受督導者：很孤單、很挫折。他在他的專業上有所成長，他也非
　　　　　常成功，不久我們兩個住進一間大房子。

史　提　夫：聽起來非常的空虛。

受督導者：我不想要這麼空虛。

史　提　夫：當我看到兩個人物在這裡，這兩個人物所呈現出的動
　　　　　力是你更想要這段關係，這個事實讓我感到震驚。聽
　　　　　完你的描述之後，我想像你是在向前進，而他在向後
　　　　　退。這樣的描述，對嗎？比他更想要維持這段關係像
　　　　　是什麼？

受督導者：就像和一塊褐色的巨石一起生活。他不在那裡，這是
　　　　　很挫折的。他不聽我說話，就像隱形一樣，他真的像
　　　　　隱形一樣。（停頓，然後開始哭泣）這很難以言喻，
　　　　　我不想要我們的關係被拆散。我只是不想要這麼辛
　　　　　苦。

　　如同我先前所提到的，許多督導者不會像這樣與受督導者談論個人的議題。我這麼做的原因是在沙盤過程中，我與受督導者所帶來的任何議題工作，就像我和個案工作一樣。甚至在我們開始處理沙盤之前，這位受督導者已經有非常強烈的情緒。我沒有在他們所要討論的議題上設定任何的限制。從督導的觀點來看，這些議題一定會影響受督導者與個案工作。雖然我們都會努力把個人議題留在家中，有些人相較於其他的人會做得更好。而在家中會影響我們的議題，當我們在與個案進行治療的時候，往往也會影響我們。

　　當你們閱讀這份逐字稿時，我猜想你們會有的另一個問題是：「這與沙盤運用有何關係呢？你們兩個人甚至沒有聚焦在沙盤或物件。」這是一個很合理的問題，許多沙盤治療師和督導者不會像我這樣的談論此晤談。

許多沙盤治療師會持續聚焦在沙盤上與沙盤中的隱喻，而較少強調沙盤與議題之間的關連性。我與個案和受督導者工作，首要的信念是**與個案／受督導者同在**。如果他真的想聚焦在某一個議題，我會陪伴著他。問題應該是「運用沙盤作為跳板要到什麼程度？」我的答案是受督導者自己決定。一般來說，受督導者越抽象思考，他們往往更會運用沙盤作為跳板，探討與沙盤中的景象和人物有一些連結的個人議題。

這份逐字稿的後段，我再次讓受督導者聚焦在沙盤上。受督導者已經離開了當下，若是可以的話，我會試圖把過程引導進入當下。我想要利用沙盤的力量，視覺意象對受督導者有強大的影響，我希望他能經驗到完整的沙盤。在這份逐字稿的後段，我問受督導者＿＿＿＿＿像是什麼？這個技術在幫助個案與受督導者探索感覺非常的有用。如同我先前所提到的，我看過許多治療師試圖要讓個案探索他們的感覺，但卻把個案帶離他們的感覺。請記得，**你不能同時分析與經驗感覺**。比起充分地經驗感覺，我們大多數人更會分析我們的感覺。注意逐字稿的最後，我問受督導者：「比他更想要維持這段關係像是什麼？」受督導者聚焦在感覺上，而當她經驗到感覺時就開始哭泣。當你想要個案／受督導者探索更深層的感覺時，這個技術會非常的有用。

如同我提到的，我與受督導者開始沙盤歷程的方式是，我邀請受督導者創作他們生活的景象。我通常是進行三人小組的督導，所以我會邀請兩位受督導者創作他們的景象。我發現不需要去聚焦在學業上的壓力，因為幾乎都會納入在他們的沙盤中。他們沙盤的一部分通常會是校外的生活，而其他部分是課業相關的議題。

如果受督導者願意真誠和開放地探索個人的議題，可能會有一些宣洩出現。這與治療中的宣洩不同，但一定具有治療性（Yalom, 1995）。當受督導者有機會透過沙盤來表達他們的感覺，他們所描述這些經驗具有意義、能宣洩、有幫助與治療性。如同我先前所提到的，即使沒有後續的處理，光在沙盤中創作景象就具有治療性（Homeyer & Sweeney, 1998）。

我與進階受督導者運用沙盤的方式之一是，幫助我去鎖定需要我們注

意的受督導者自我照顧議題。顯然，自我照顧對於實務工作者，是一個非常重要的課題。大多數接受我的督導的是博士班學生，他們處在龐大的壓力下，通常很少有時間能夠自我照顧。如果他們的博士課程要求很嚴苛，會明顯地增添他們更多的壓力。

　　讓我們以另一個沙盤作為自我照顧的例子。這是我一位進階受督導者真實的沙盤。讓我們聚焦在群組中的物件：有士兵躺在擔架上，而旁邊有三位醫護人員。這個群組的意象代表自我照顧的議題。受督導者分享她自己總是在扮演照顧他人的角色，從未當個病人躺在擔架上接受他人的照顧。探索這個議題，很明顯受督導者的主要議題是在關係中扮演照顧者，而不是被照顧的人。因此她往往不會聚焦在她的需要。

　　這個例子說明運用沙盤來探索受督導者議題的價值。當受督導者前來接受督導，焦點會是在受督導者與個案之間的關係，自我照顧的議題可能會完全遺漏掉。另一方面，當受督導者被要求透過沙盤來表達他們自己，他們有機會退後一步來看待個案，並且反思他們自己。如果受督導者感到安全，他們會去碰觸自我照顧的相關議題。

🍀 沙盤治療的督導

　　Friedman（2008）將她進行團體沙遊督導的經驗形容為具報酬性和挑戰。Friedman 的一位受督導者這樣描述她在團體的經驗：「當我呈現我個案的陰暗時，在團體中有更多的展現，有別於在一對一督導時，只是陳述個案的發展史。」（p. 26）另外一位受督導者說：「我覺得每個人好像會在沙盤中看到很明顯的東西，而那是我自己未曾看見的。」（p. 27）

　　從這兩位受督導者對沙遊督導的描述，顯然 Friedman 督導取向的焦點主要聚焦在個案的**沙盤**。受督導者對於呈現個案的沙盤感到擔心，顯然是擔心會受到評價或批評。雖然他們的經驗很可能是受督導者在團體督導中很一般的經驗，但團體的焦點最能吸引我的注意。閱讀過沙遊治療的書

籍，我意識到沙盤本身是最主要的焦點，但在督導過程中，督導者可以聚焦在此時此刻、受督導者在療程中的經驗，以及療程中任何口語的介入。另一個我感興趣的議題是，受督導者不會用影帶來記錄他們的療程。決定不用影帶記錄治療療程是受到榮格取向的影響，即通常不包括督導的處理階段。受督導者會在督導過程重新去創作個案的沙盤。

身為沙盤治療的督導者，我很確定 Friedman 的經驗比我豐富，但我的人本取向戲劇性的改變了整個督導。大部分我所進行沙盤治療的督導是三人小組，治療療程要用影帶記錄，雖然有些焦點會在沙盤本身，但是較少強調沙盤，而較多聚焦在處理歷程。如同我曾提過的，我督導進階受督導者和實務工作者主要聚焦在督導過程中他們此時此刻的經驗。我會問：「當你看到療程中的這個部分，你現在注意到什麼？」

督導期間另一個很重要的焦點是沙盤過程的處理階段。大多數進階的受督導者會帶著特定的時刻或處理階段的擔心與問題前來接受督導。我們會一起看著錄影片段，並且探索受督導者與個案之間的互動。有時候我會分享一些不同的處理方式，但這不是我一般主要的介入方式。我常常會想要探索受督導者在治療療程中與督導過程中的經驗。如果受督導者願意這麼做，結果通常是能夠增進自我的覺察。

我在沙盤治療的督導與三人小組督導中最常被問到的問題是，我要如何回應個案的感覺、抗拒或逃避。我會扮演治療師，受督導者扮演個案，我向受督導者示範在當下我會做些什麼，而不是告訴受督導者我會做些什麼。然而，我不認為這是角色扮演的介入；我認為這是一個經驗。我希望受督導者就是個案，而不是去扮演個案，通常受督導者自己的感覺也會變成經驗的一部分。這種經驗性的取向對進階受督導者和實務工作者的效果很好。

🍀 摘要

　　治療師的發展是一個重要的議題，督導者和治療師需要去了解。Ronnestad 與 Skovholt（2003）提供一個廣泛性的治療師發展模式，有助於了解治療師／受督導者的需求。藉由治療師回顧自身早期的發展，Ronnestad 與 Skovholt 蒐集對每一個階段的理解，而那些是無法從仍在那些時期中的受督導者身上獲得的。

　　沙盤對於在督導中的進階研究生與實務工作者來說，是一個非常具有影響力的自我覺察活動。當受督導者像逐字稿中的受督導者要求在督導過程中創作沙盤，我發現他們會願意更深度地探索他們的議題。受督導者描述沙盤有助於他們個人的成長。他們很重視有這樣的機會去表達身為博士生與治療師所經驗到的緊張與壓力。當我督導運用沙盤的進階受督導者和初階實務工作者，我會努力讓他們的沙盤督導是體驗導向的。

 反思

✿ 實務工作者的反思

1. 到目前為止，你會如何描述你的督導經驗？哪些有幫助？哪些沒有幫助？

2. 你會把自己放在 Ronnestad 與 Skovholt 的諮商員／治療師發展理論中的哪個時期？

3. 對於最符合你的那個時期，你對那個時期的哪些描述認同呢？

4. 什麼是你想要從督導／指導中獲得，但卻未曾得到的？

✿ 督導者／諮商教育者的反思

1. 到目前為止，作為督導者，你會如何描述你的督導經驗？哪些是你喜歡的？不喜歡的？

2. 關於諮商員／治療師的發展理論，你覺得哪些是有幫助？哪些沒有幫助？

3. 你的督導取向是什麼？

第 11 章
研究

沈玉培與 Stephen A. Armstrong

♣ 遊戲治療

　　沙盤治療被認為是遊戲治療的一種形式（Carmichael, 1994; Flahive & Ray, 2007）。「遊戲治療是一種被實徵研究所支持的介入方式，而且遊戲是用來催化兒童自然語言的方法。」（Flahive & Ray, p. 363）Ray、Bratton、Rhine 與 Jones（2001）在一篇研究中，以近六十年來的 94 個遊戲治療的量化研究進行後設分析，其結果發現接受遊戲治療的實驗組表現得要比控制組來得較好（效果值 Cohen's d 為 .80）。

♣ 沙盤

　　儘管遊戲治療已經被證明為一種有效的介入方式，但是沙盤治療的研

究卻是不足的（Flahive & Ray, 2007; Kestly, 2001; Shen & Armstrong, 2008）。某些研究者已經開始進行沙遊的量化研究，但是大多數的研究都不是成效研究。「沙遊的有效性已經在個別的個案研究中呈現出來，少數的研究以小的人口族群檢視沙盤的有效性。」（Mitchell & Friedman, p. 113）Pabon（2001）藉由描述年齡介於 8 至 17 歲之間兒童的沙盤，討論沙遊在學校情境中的有效性，並指出：「沙盤治療可以被有效的使用在各個年齡層的人們身上。」（p. 136）然而，Pabon 的個案成長的證據是不明的。Kestly（2001）描述在小學中團體沙遊的介入方式，並且指出：「獲得實驗研究的量化資料是困難的，因為教育性的目標以及保護個人的隱私是最為重要的。」（p. 345）她建議使用兒童行為衡鑑系統（Behavior Assessment System for Children，簡稱 BASC）作為沙遊有效性的前測與後測之測量。

　　某些研究者不是檢視沙盤的有效性，而是研究沙盤在不同人口族群的特性。例如：Caprio（引自 Mitchell & Friedman, 1994）研究沙遊治療在 50 位成人精神科住院病人的影響。儘管這些成人進行住院治療，他們的許多沙盤仍具有希望性的主題。此外，沙盤提供介入計畫的方向。沙盤透露出先前沒有被表達出來的創傷性經驗，以及特定領域的優勢。躁症患者的沙盤呈現出飽滿的（fullness），而鬱症患者的沙盤呈現出空洞的（empty）。

　　Shaia（引自 Mitchell & Friedman, 1994）比較與檢視 16 名曾經歷兒童性虐待的男性以及 33 名未曾經歷兒童性虐待的男性，兩者在沙盤內容的差異。Shaia 發現經歷性虐待男性的沙盤包含熊與野狼，而未曾受到性虐待男性的沙盤則沒有（顯著水準 p 值小於.05，效果值則未被提出於報告中）。Shaia 也發現，遭遇性虐待的男性較那些未曾被虐待的男性少碰觸沙子（顯著水準 p 值小於.05，效果值則未被提出於報告中）。在一篇質性研究中，Miller（1979）訪談九名針對成人個案使用沙盤治療的治療師。這個研究主要聚焦在治療師如何以及何以會與他們的個案使用沙盤。當問及他們使用沙盤的理由時，大多數的治療師均指出沙盤有助於表達以及自我發現。治療師也指出沙盤幫助個案從先前意識覺察到的層面，邁向尚未覺察的領

域。大多數的治療師指出沙盤提供個案內在精神動力的洞察。

　　相較之下，Zarzaur（2004）以一所私立學校中幼稚園到國小四年級共計 26 名兒童進行研究，她比較沙盤治療與行為介入的有效性。這些兒童被轉介前來接受諮商，並且被隨機分派到進行沙盤治療或是行為矯治的組別。Zarzaur 發現兩組的兒童在行為檢核表——教師評定版（Child Behavior Checklist Teacher Rating Form）的前測或是後測分數，均達統計上的顯著差異。然而，兩組之間的差異並未達統計上的顯著水準。

　　Mitchell 與 Friedman（1994）指出：

　　　　成效研究對於解釋：沙遊治療應該在什麼類型的情境被使用（例如：機構、學校、醫院、伴侶治療、團體治療、個人開業診所等）？沙遊應該在治療歷程的哪個時間點被引入？沙遊適用於何種類型的個案？沙遊對於哪一類型的個案最為有效？這類的問題而言是重要的。（p. 113）

　　Mitchell 與 Friedman 也建議個案與治療師之間的口語互動在決定這些互動於治療成效上之效果應該被納入考量。誠如上述的研究所述，沙遊治療師與研究者傾向聚焦更多的部分在沙盤本身的**內涵**（contents），而非進行沙盤的**處理歷程**（processing）。儘管目前的成效研究要回答 Mitchell 與 Friedman 所提出來的這些問題是有限制的，但是兩篇近來的研究將會在下面的篇幅中討論，藉此回答一些像是情境類型、個案類型，以及沙盤應該在何時被引入等問題。

🍀 Flahive 與 Ray

　　Flahive 與 Ray（2007）檢視團體沙盤治療對於 56 名（28 名被分派為實驗組，另 28 名則被分派為控制組）具有行為困擾（像是在課堂出現干擾

人本取向沙盤治療

行為）的前青春期個案的有效性。這個研究使用前後測實驗設計（pretest-posttest experimental design），在美國西南部的兩所受聯邦政府資助的小學（Title 1 elementary school）進行研究。在 56 名研究參與者之中，有 29 名為男性，27 名為女性；35 名兒童是西班牙裔美國人，16 名是白人，5 名是非裔的美國人。實驗組的研究參與者接受每週一次、為期十週的團體沙盤治療。在進行後測之後，控制組也接受介入。

Flahive 與 Ray（2007）發現，實驗組與控制組在兒童行為衡鑑量表—教師評量表（Behavioral Assessment Scale for Children-Teacher Rating Scale，簡稱 BASC-TRS）中的行為症狀指引（Behavior Symptom Index，簡稱 BSI）達到統計上的顯著差異，其 F 值為 4.98（組內自由度為 1，組間自由度為 53），顯著水準 p 值為 .03，效果值 Cohen's d 為 .52。像是 Cohen's d 這類的效果值是用來評估差異的強度；Cohen's d 為 .5 的效果值被視為具有中度的效果，這可以解釋兩個組別之間的差異大約有 0.5 個標準差。Flahive 與 Ray 指出儘管實驗組的行為有輕微的改善，然而，控制組的問題行為卻惡化了。

Flahive 與 Ray 也發現實驗組與控制組在兒童行為衡鑑量表—教師評量表中的內化行為問題量表（Internalizing Behavior Problem scale）具有統計上的顯著差異，F 值為 4.04（組內自由度為 1，組間自由度為 53），顯著水準 p 值為 .04，效果值 d 為 .59。此外，研究者也發現，實驗組與控制組在兒童行為衡鑑量表—教師評量表中的外化行為問題量表（Externalizing Behavior Problem scale）具有統計上的顯著差異，F 值為 10.44（組內自由度為 1，組間自由度為 53），顯著水準 p 值小於 .01，效果值 d 為 .54。Flahive 與 Ray 也發現實驗組與控制組在兒童行為衡鑑量表—家長評量表（Behavioral Assessment Scale for Children-Parent Rating Scale，簡稱 BASC-PRS）中的外化行為問題量表（Externalizing Behavior Problem scale）亦具有統計上的顯著差異，F 值為 4.90（組內自由度為 1，組間自由度為 43），顯著水準 p 值為 .03，效果值 d 為 .63。

「當教師進行評定時，那些參與超過十次團體沙盤治療歷程的兒童與

那些被分派為控制組等候名單的兒童相較之下，呈現出顯著的差異。」
（Flahive & Ray, 2007, p. 377）研究者指出：整體而言，實驗組兒童的行為
有輕微改善，然而，控制組兒童的行為則是非常惡化。「將那些被分派到
控制組等候名單的兒童與那些參與沙盤團體介入的兒童相較之下，前者在
外化行為問題的分數顯著的增加。」（p. 378）在此摘要這個研究中團體沙
盤治療的影響，Flahive 與 Ray 指出：「研究結果建議，團體沙盤治療可能
對於有行為困擾的前青春期個案具有正向的治療性影響，或是至少可能具
有預防症狀惡化的效果。」（p. 379）

🍀 沈玉培與 Armstrong

　　沈玉培（Shen）與 Armstrong（2008）檢視團體沙盤治療對於 37 名
（18 名為實驗組，而 19 名則為控制組）低自尊的七年級青少女之有效性。
研究者在美國西南部的三所中學進行此研究，使用準實驗設計（quasi-ex-
perimental）進行前後測。37 名研究參與者之中，平均年齡為 12 歲；20 名
研究參與者是非裔美國人，12 名是白種人，5 名是西班牙裔美國人。實驗
組的參與者接受一週兩次、為期五週的團體沙盤治療。在進行後測之後，
控制組也接受介入。

　　為了測量自尊，沈玉培與 Armstrong（2008）使用自我覺知量表——
兒童版（*Self-Perception Profile for Children*，簡稱 SPPC；Harter, 1985），
一種在研究中已經被廣泛使用的自我填答工具。自我覺知量表——兒童版
有五個分量表用來測量對於特定領域能力的覺知（五個分量表分別為：學
校能力、社會接受度、運動能力、生理展現，以及行為表現），以及另外
一份用來測量整體自我價值的量表（Global Self-worth）。

　　分裂區集變異數分析（SPANOVA）被用來分析混合設計中的資料，當
中包含一個組間因子（團體成員）以及一個組內因子（時間）。沈玉培與
Armstrong（2008）發現在自我覺知量表——兒童版的六個分量表中，有五

個分量表的分數達到統計上的顯著互動水準。研究者發現在學校能力
（Scholastic Competence）中，具有統計上的顯著互動水準，F 值為 13.758
（組內自由度為 1，組間自由度為 35），顯著水準 p 值為 .001，而實驗組
在前測與後測的分數亦達到統計上的簡單顯著互動水準，其中，事後比較
F 值為 15.132（組內自由度為 1，組間自由度為 17），顯著水準 p 值為
.001，效果值 d 為 .68。沈玉培與 Armstrong 也指出社會接受度（Social Ac-
ceptance）分量表的分數跨越了治療與時間兩個因子，達到統計上的顯著互
動水準，F 值為 13.607（組內自由度為 1，組間自由度為 35），顯著水準
p 值為 .001。

　　同樣的，研究者發現在生理展現（Physical Appearance）分量表上的分
數跨越了治療與時間兩個因子，達到統計上的顯著互動水準，F 值為 7.53
（組內自由度為 1，組間自由度為 35），顯著水準 p 值為 .01，而且實驗組
在前測與後測的分數亦達到統計上的簡單顯著互動水準，其中，事後比較
F 值為 12.658（組內自由度為 1，組間自由度為 17），顯著水準 p 值為
.002，效果值 d 為 .52。

　　沈玉培與 Armstrong 也指出在行為表現（Behavioral Conduct）分量表
上的分數跨越了治療與時間兩個因子，達到統計上的顯著互動水準，F 值
為 10.413（組內自由度為 1，組間自由度為 35），顯著水準 p 值為 .003，
而且控制組在前測與後測的分數達到統計上的簡單顯著互動水準，其中，
事後比較 F 值為 8.269（組內自由度為 1，組間自由度為 18），顯著水準 p
值為 .01，效果值 d 為 .64。最後，研究者發現在整體自我價值量表上的分
數也跨越了治療與時間兩個因子，達到統計上的顯著互動水準，F 值為
8.039（組內自由度為 1，組間自由度為 35），顯著水準 p 值為 .008，而且
實驗組在前測與後測的分數達到統計上的顯著差異，其中，事後比較 F 值
為 14.807（組內自由度為 1，組間自由度為 17），顯著水準 p 值為 .001，
效果值 d 為 .83。

　　簡言之，「在自我覺知量表——兒童版的六個分量表中，有五個分量
表的分數達到統計上的顯著互動水準。此外，簡單效果的效果值也是顯著

的，這意味著實際上，實驗組在時間上具有顯著的差異，而控制組則相對沒有改變（Shen & Armstrong, 2008）。」

🍀 摘要

　　儘管遊戲治療是一種「被實徵研究所支持的治療選擇」（Flahive & Ray, 2007, p. 363），但是卻很少有量化的研究支持沙盤治療的效能。先前的研究大多檢視那些患有特定疾患或是早先經歷創傷的參與者之沙盤創作以及沙盤的內涵。Friedman 與 Mitchell（1994）指出需要有成效研究來解釋一些問題，像是有關適合進行沙盤治療的情境，以及沙盤對於不同類型個案的有效性。Flahive 與 Ray 的研究提供在學校情境中，針對那些具有行為困擾的前青春期個案進行團體沙盤治療之有效性的支持。沈玉培與 Armstrong（2008）的研究發現團體沙盤治療是一種以學校為基礎，針對被辨識為低自尊的年輕青少女進行介入的有效形式。這些研究均檢視團體沙盤治療在學校情境中，對於前青春期個案與年輕青少年個案的有效性。儘管這些近期的研究提供沙盤治療有效性的支持，但是許多年齡層以及主訴問題卻尚未被檢視。

第 12 章

訓練

一個更有效與更長久的學習形式在於學習者藉由創造出有意義的學習經驗來達成。

——*C. Beard & J. P. Wilson*（*2006, p. 1*）

🍀 實作學習

我針對個案使用經驗取向的治療方式，而我也相信當我能夠在教室裡創造某種經驗，對於學生的學習而言是最好的。我深深地相信藉由實作學習（learning by doing）的方式是學習如何針對青少年與成人個案使用沙盤的最好方式。我已經訓練許多不同發展階段的實務工作者（Ronnestad & Skovholt, 2003），而我確信你越早這樣做，你便能夠浸淫得更好。在我的進階沙盤課程中，我讓學生在第一堂課創作出一個沙盤。Homeyer 與 Sweeney（1998）建議剛開始學習如何針對個案使用沙盤之前，要**先成為一個個案**體驗沙盤。這是非常重要的，而且這個經驗性的活動是實作學習的入門階段。

　　當我在授課時（或是訓練大團體時），在學生創作完自己的沙盤之後，他們會分成兩人一組，並且和另外一名學生分享討論自己的沙盤景象。在過去幾年的訓練課程中，我都是如此進行，我在大多數的時間裡使用一些這個活動的變化方式。一旦你創作並處理你的景象而經驗到這個模式的力量之後，你將會感受到沙盤是多麼具有治療性。你也將會經驗到如何以及在何時針對你的個案使用沙盤。誠如上述，何時（或者是否）針對個案使用沙盤的時間點是非常重要的。

　　儘管沙盤訓練確實能夠採用個別性方式或是運用在督導中，但是我目前沒有很多機會用這樣的方式訓練學生或實務工作者。典型地，我在小至兩人的團體（三人小組的督導），大至 20 到 25 名受訓者的團體提供沙盤訓練。在受訓者創作完成自己的景象之後，我們處理這些景象。如果我訓練一個小團體或實務工作者，我通常會將沙盤當作一個團體來處理。每位受訓者講述關於他的景象，而我則針對每位受訓者進行工作。在大團體中，受訓者一開始會分成兩人一組並處理自己的沙盤，在這之後我則會邀請想要體驗更多的自願者進行工作。我會和幾個受訓者在團體面前進行個別工作，以示範我在本書第二部分中所討論到的一些催化技巧。儘管我在訓練課程開始前不認識一些受訓學員，然而，我通常能創造一個足夠安全的環境，讓受訓者透過示範感受到治療性。有些受訓者有意願在此時此刻感受自己的感覺，而有些則會擔心感覺過多。無論哪種方式均有助於受訓者觀看這些示範，因為我會對受訓者展現如何與那些停止感覺的個案工作。事實上，當我在課堂上教授沙盤時，我邀請學生抗拒好讓我能夠示範我在本書第 8 章中所討論到的一些技巧。

　　學習如何使用人本取向處理一盤沙盤最好的方式是每週或兩週見面一次來進行觀察與練習。在本章中，我將會描述更多這種訓練模式的細節，但是我想要先在這兒簡單的提一下。我在這種訓練模式中會使用兩種錄影帶記錄方式：當我是治療師的角色，以及當受訓者是治療師的角色。受訓者觀看這兩種錄影帶的經驗均具有價值性。當我以治療師的角色和某個受訓者進行工作時，這個受訓者稍後可以錄影記錄，並且習慣一些我回應感

覺的方法、和兩極工作的方法，以及回應抗拒的方法等。當受訓者以身為治療師記錄治療歷程時，他（她）可以看見個人的優勢以及成長的面向。誠如我已經提過的，受督導者與受訓者在觀察個人技巧上的不足或劣勢時，均有自我批評的傾向。我試著鼓勵那些正在學習這個取向的受訓者與受督導者要有耐心，而且我強調要學習如何在此時此刻工作需要一些時間。

　　當然，週間訓練的模式除非是受訓者居住的距離是在開車可以到達的範圍內，否則將無法進行，我因而會使用其他的訓練形式。幾年前我曾經在澳洲進行一日的訓練，而我從這次的經驗中學到一些事情，並融入我的實務工作之中。受訓者的經驗非常不足，因此我的目標（以及受訓者的目標）大多聚焦在向受訓者介紹沙盤為主。然而，我在那兒學到的是我試著在接下來簡短的訓練歷程中不耗費太多的時間談論沙盤，除非所解釋與說明的和經驗息息相關。當我解釋何以我用特定的方式進行回應時，我試著將解釋結合在我們團體所具備的經驗脈絡之中。

✤ 遊戲治療的訓練

　　沙盤是遊戲治療的一種類型。遊戲治療跟沙盤治療很相似，個案藉由遊戲與活動間接且隱喻性地表達自己。兒童以這樣的方式使用玩具，很像青少年與成人在沙盤中使用物件。在第 1 章，我建議讀者至少修習一門遊戲治療的導論課作為沙盤治療訓練的一部分。我相信遊戲治療的訓練將會讓治療師更有效的進行沙盤治療。

　　接受優質的遊戲治療訓練對你而言是重要的，而且遊戲治療取向之中的兒童中心遊戲治療（child-centered play therapy）是唯一已經被許多重要的研究所支持。無論你的理論取向為何，我均鼓勵你接受這類的遊戲治療訓練。兒童中心遊戲治療的哲學觀與本書所描述的人本取向是完全一致。我所謂的接受優質的遊戲治療訓練是指講師必須有充足的訓練，以及你必

須有機會藉由實作學習。實作學習是任何人學習如何諮商其他人的方式，而遊戲治療與其他語言取向的諮商形式是非常不同的。對你而言，與那些在遊戲歷程期間可能說話、也可能不說話的年幼兒童工作是必要的。如果你沒有機會與年齡在四到八歲之間的兒童工作，你將不能錯過這類能夠幫助你在沙盤治療中能夠更有效的訓練知識、技巧與經驗。

工作坊是很受用的，而我時常在研討會時做這種發表。你可能會在研討會的發表中聽過本書。這樣的訓練形式對於將遊戲治療與沙盤治療介紹給感興趣的受訓者是一種有用的方式。然而，遊戲治療訓練（與沙盤訓練）需要比在工作坊所能學習到的訓練更多。觀看一位遊戲治療師以及聆聽某人談論遊戲治療是有幫助的，但是你仍需要實際操作遊戲治療。任何沒有涵蓋實作學習的遊戲治療訓練是不足的，也是不完整的。

當我在教授遊戲治療的導論課程時，我依循我在北德州大學被教導的形式。在課堂上兩人一組實際練習以玩具進行遊戲治療幾週，並且在這期間學習全部的關鍵概念，包含：兒童中心理論、遊戲的意涵、催化性的反應，以及設限之後，學生安排與一個兒童（四到八歲大）進行兩次居家遊戲治療練習。之後，我觀察錄影帶的紀錄並給予他們在治療歷程的回饋。在幾週過後，我們安排微實習（micro-practicum），我們帶兒童進到遊戲室裡頭，並且每位學生輪流與兒童工作 25 分鐘，同時，其他三位學生與我在觀察室裡透過單面鏡或監控螢幕進行觀察。這種實際操作的訓練對於遊戲治療而言是必要的。

🍀 訓練模式

如果可能的話，在少於 12 個學生以內，或是在封閉式的訓練團體中，定期的會晤學習人本取向的沙盤治療會是很有幫助的。我已經成功的使用上述兩種形式，而且參與者也指出他們能夠使用在訓練中所學習到的技巧以及覺察。這個模式明顯的好處是概括且符合我在第 3 章與第 10 章中所討

論到的治療師發展上的模式。誠如 Ronnestad 與 Skovholt（2003）所述：
專業成長與發展的進展需要時間。因此，學習這個取向最好的方式是透過
長期的訓練。在課堂形式中，我已經在暑期使用這樣的教學模式，每週兩
次、持續五週的時間，以及每週一次、持續十週。我偏好使用十週的形
式，但是我不確定這種形式是否較為有效。重要的是給予學生機會在離開
課堂之後，嘗試在課堂外操作這個取向，並且帶著他們的問題返回課堂中
進行討論。我讓這個課程盡可能的具有經驗性。

　　一種更好的形式是採用小型的封閉式團體，受訓者少於 8 人，定期地
會晤學習這個取向。我所謂的封閉式團體是指團體一旦組成之後，在團體
進行的時程裡沒有新的成員加入。因為我是在學術界，所以我依循學期時
間運作，因為學期是保持團體為密閉式的好時程。我要求受訓者承諾完成
一學期。我與受訓者每週以及每兩週見面討論一次，即使我確信每個禮拜
見面討論一次是較好的，但是對受訓者而言，作這樣的承諾是困難的。

🍀 密集式的訓練

　　過去幾年來，我已經提供那些想要學習這個取向的實務工作者與學生
密集式的遠距訓練。在 www.sandtraytherapyinstitute.com 這個網站中，你將
會發現能夠幫助你或你的團體籌畫這種訓練的資訊。你將會注意到有兩種
基本的選擇：前來美國德州的達拉斯或是我們可以為你籌畫在你所在的地
區訓練你的團體。在未來，我可能會在所挑選的城市安排訓練，但是這目
前尚在籌畫中。儘管我目前進行較多一整天的訓練歷程，而較少進行整個
週末的訓練歷程，然而，一天的時間無法讓這些概念以及介入方式被成員
吸收，因此，一整天的訓練或許可以讓你開始使用這個取向，但是如果你
無法參與後續的訓練，你可能很難有效地持續使用這個取向。二到三天的
訓練比較有充裕的時間學習這個取向。

🍀 最後的想法

　　我希望這本書能對你有所幫助，而且閱讀起來很享受。撰寫這本書對我而言有著許多曲折的冒險歷程。在寫這本書之前，我對於我想要做什麼有一個概括性的想法，但是這本書有自己的生命。倘若我能夠幫助或是輔助你發展成為一個治療師，請隨時與我聯繫。身為一個教授，我是電子郵件的頻繁使用者，因此最好且最快與我聯繫的方式是藉由電子郵件（Steve. Armstrong@tamuc.edu）。如果我尚未當面見過你，如果你是在遊戲治療的研討會或是其他專業的研討會中看見我，很歡迎你向我介紹你自己。

　　我誠摯的希望你能夠使用沙盤作為一種有效的介入方式與你的來談個案進行工作。假如你是一位督導者，我希望你也能夠從本書中獲益。沙盤是一個充滿驚喜的冒險歷程。當我們使用沙盤作為一種和個案進行工作的介入方式，我們感到很榮幸而且可能被個案邀請進入他們的內在世界。我希望你所學到的內容能夠讓你和個案無論身在何處都能與其同在。謝謝你與我共同經歷這了解沙盤治療的旅程！

參考文獻

Allan, J. (1988). *Inscapes of the child's world: Jungian counseling in schools and clinics.* Dallas, TX: Spring Publications.

American Counseling Association. (2005). *Code of ethics and standards of practice.* Alexandria, VA: Author.

Armstrong, S. A., & Simpson, C. S. (2002). Expressive arts in family therapy: Including young children in the process. *Texas Counseling Association Journal, 30*(2), 2-10.

Bachelor, A., & Horvath, A. (1999). The therapeutic relationship. In M. A. Hubble, B. L. Duncan, & S. D. Miller (Eds.), *The heart and soul of change: What works in therapy* (pp. 23-55). Washington, DC: American Psychological Association.

Beard, C., & Wilson, J. P. (2006). *Experiential learning: A handbook of best practices for educators and trainers* (2nd ed.). Philadelphia, PA: Kogan Page.

Benson, H. (1975). *The relaxation response.* New York: Morrow.

Bernard, J. M. (1997). The discrimination model. In C. E. Watkins, *Handbook of psychotherapy supervision* (pp. 310-327). New York: Wiley.

Boik, B. L., & Goodwin, E. A. (2000). *Sandplay therapy: A step-by-step manual for psychotherapists of diverse orientations.* New York: W. W. Norton & Company.

Bratton, S. C., & Ferebee, K. (1999). The use of structured expressive art activities in group activity therapy with preadolescents. In D. S. Sweeney & L. E. Homeyer (Eds.), *The handbook of group play therapy: How to do it how it works whom it's best for* (pp. 192-214). San Francisco, CA: Jossey-Bass.

Bugenthal, J. F. T. (1999). *Psychotherapy isn't what you think.* Phoenix, AZ: Zeig, Tucker & Theisen.

Burns, D. D. (1999). *Feeling good handbook.* New York: Penguin Group.

CACREP. (2001). Council for accreditation of counseling and related educational program 2001 standards. Retrieved October 5, 2006, from http://www.cacrep.org/2001Standards.html

Cain, D. J. (2002). Defining characteristics, history, and evolution of humanistic psychotherapies. In D. J. Cain & J. Seeman (Eds.), *Humanistic psychotherapies: Handbook of research and practice* (pp. 3-54). Washington, DC: American Psychological Association.

Carey, L. (1994). Family sandplay therapy. In C. E. Schaefer & L. Carey (Eds.), *Family play therapy*. Northvale, N. J.: Aronson.

Carmichael, K. D. (1994). Sand play as an elementary school strategy. *Elementary School Guidance & Counseling*, 28, 302-307.

Carson, R. (2003). *Taming your gremlin: A surprisingly simple method for getting out of your own way*. New York: Collins.

Draper, K., Ritter, K. B., & Willingham, E. U. (2003). Sand tray group therapy with adolescents. *Journal for Specialists in Group Work*, 28, 244-260.

Erdman, P., & Lampe, R. (1996). Adapting basic skills to counsel children. *Journal of Counseling & Development*, 74, 374-377.

Flahive, M., & Ray, D. (2007). Effect of group sandtray therapy with preadolescents in a school setting. *Journal for Specialists in Group Work*. 32, 362-382.

Frank, J. D., & Frank, J. B. (1991). *Persuasion and healing* (3rd ed.). Baltimore: Johns Hopkins University Press.

Friedman, H. S. (2008). Becoming a group sandplay supervisor: My personal odyssey. In H. S. Friedman & R. R. Mitchell (Eds.), *Supervision of Sandplay Therapy*. New York: Routledge.

Greenspan, S. I. (1993). Playground politics: *Understanding the emotional development of your school-age child*. Cambridge, MA: Perseus Books.

Greenspan, S. I., & Shanker, S. G. (2004). *The first idea: How symbols, language, and intelligence evolved from our primate ancestors to modern humans*. Cambridge, MA: Da Capo Press.

Hansen, J. (2002). Postmodern implications for theoretical integration of counseling orientations. *Journal of Counseling & Development*, 80, 315-321.

Hansen, J. T. (2005). The devaluation of inner subjective experiences by the counseling profession: A plea to reclaim the essence of the profession. *Journal of Counseling & Development*, 83, 406-415.

Herlihy, B. (1985). Person-centered Gestalt therapy: A synthesis. *Journal of Humanistic Counseling*, Education & Development, 24(1), pp. 16-24.

Homeyer, L., & Sweeney, D. (1998). *Sandtray: A practical manual*. Self-Esteem Shop.

Jacobs, R. H., Reinecke, M. A., Gollan, J. K., & Kane, P. (2008). Empirical evidence of cognitive vulnerability for depression among children and adolescents: A cognitive science and development perspective. *Clinical Psychology Review*, 28(5), 759-782.

Jones, A. (1989). *Soul making: The desert way of spirituality.* New York: HarperOne.

Kagan, N. (1980). Influencing human interaction—Eighteen years with IPR. In A. K. Hess (Ed.), *Psychotherapy supervision: Theory, research, and practice* (pp. 262-283. New York: Wiley.

Kagan, H. K., & Kagan, N. I. (1997). Interpersonal process recall: Influencing human interaction. In C. E. Watkins, *Handbook of psychotherapy supervision* (pp. 296-309). New York: Wiley.

Kalff, D. (1980). *Sandplay, a psychotherapeutic approach to the psyche.* Santa Monica, CA: Sigo Press.

Keating, T. (1992). *Open mind, open heart.* New York: Continuum Publishing.

Kestly, T. (2001). Group sandplay in elementary schools. In Drewes, A., Carey, L., & Schaefer, C. (Eds.), *School-based play therapy* (pp. 329-349). New York: John Wiley & Sons.

Kirschenbaum, H. (1979). *On becoming Carl Rogers.* New York: Delacorte.

Kirschenbaum, H., & Henderson, V. L. (1989). *The Carl Rogers reader.* Boston: Houghton Mifflin.

Korb, M. P., Gorrell, J., & Van De Riet, V. (1989). Gestalt therapy: Practice and theory. Elmsford, NY: Pergamon Press.

Kottler, J. A., & Brew, L. (2003). *One life at a time: Helping skills and interventions.* New York: Brunner-Routledge.

Kramen-Kahn, B., & Hansen, N. D. (1998). Rafting the rapids: Occupational hazards and coping strategies of psychotherapists. *Professional Psychology: Research and Practice, 29,* 130-134.

Landreth, G. (2002). *Play therapy: The art of the relationship* (2nd ed). Muncie, IN: Accelerated Development.

Loganbill, C., Hardy, E., & Delworth, U. (1982). Supervision: A conceptual model. *The Counseling Psychologist, 10,* 3-42.

Lomonaco, S., Scheidlinger, S., & Aronson, S. (2000). Five decades of children's group treatment: An overview. *Journal of Child & Adolescent Group Therapy, 10,* 77-96.

Mahoney, M. J. (1997). Psychotherapists' personal problems and self-care patterns. *Professional Psychology: Research and Practice, 28,* 14-16.

Maslach, C., & Leiter, M. P. (1997). *The truth about burnout.* San Francisco: Jossey-Bass.

Mayeroff, M. (1990). *On caring*. New York: Harper Perennial.

Miller, R. R. (1979). Investigation of a psychotherapeutic tool for adults: The sandtray. *Dissertation Abstracts International*, 43(01), 257B, (UMI No. 8207557)

Mitchell, R. R., & Friedman, H. S. (1994). Sandplay: Past, present and future. New York: Routledge.

Mosak, H. H. (2005). Adlerian psychotherapy. In R. J. Corsini and D. Wedding (Eds.), *Current psychotherapies* (7th ed.). Belmont, CA: Brooks/Cole.

Myers, J. E., & Williard, K. (2003). Integrating spirituality into counselor preparation: A developmental, wellness approach. *Counseling and Values, 47*, 142-155.

Oaklander, V. (1988). *Windows to our children*. Highland, NY: Gestalt Journal Press.

Pabon, A. J. (2001). Sandplay therapy in a time-limited school-based program. In A. A. Drewes, L. J. Carey, & C. E. Schaefer (Eds.), *School-based play therapy* (pp. 123-138). Hoboken, NJ: John Wiley & Sons.

Pope, K. S., & Tabachnick, B. G. (1994). Therapists as patients: A national survey of psychologists' experiences, problems and beliefs. *Professional Psychology: Research and Practice, 25*, 247-258.

Prochaska, J. O., DiClemente, C. C., & Norcross, J. C. (1992). In search of how people change: Applications to addictive behavior. *American Psychologist, 47*, 1102-1114.

Ray, D., Bratton, S., Rhine, T., & Jones, L. (2001). The effectiveness of play therapy: Responding to the critics. *International Journal of Play Therapy*, 10, 85-108.

Rogers, C. R. (1942). *Counseling and psychotherapy: New concepts in practice*. Boston: Houghton Mifflin.

Rogers, C. R. (1959). A theory of therapy, personality and interpersonal relationships, as developed in the client-centered framework. In Koch, S. (Ed.) *Psychology: A study of science: Vol. 3. Formulations of the person and the social context* (pp. 184-256). New York: McGraw-Hill.

Rogers, C. R. (1961). *On becoming a person*. Boston: Houghton Mifflin.

Rogers, C. R. (1989). A client-centered/person-centered approach to therapy. In H. Kirschenbaum & V. L. Henderson (Eds.), *The Carl Rogers reader*. Boston: Houghton Mifflin.

Rohr, R. (1999). Everything belongs: The gift of contemplative prayer. New York: Crossroad Publishing.

Ronnestad, M. H., & Skovholt, T. M. (1993). Supervision of beginning and advanced graduate students of counseling and psychotherapy. *Journal of Counseling & Development, 71*, 396-405.

Ronnestad, M. H., & Skovholt, T. M. (2003). The journey of the counselor and therapist: Research findings and perspectives on professional development. *Journal of Career Development, 30*, 5-44.

Sexton, T. L., & Whiston, S. C. (1994). The status of the counseling relationship: An empirical review, theoretical implications, and research directions. *The Counseling Psychologist, 22*, 6-78.

Shen, Y., & Armstrong, S. A. (2008). Impact of group sandtray therapy on the self-esteem of young adolescent girls. *Journal for Specialists in Group Work, 33*, 118-137.

Skovholt, T. M. (2001). *The resilient practitioner: Burnout prevention and self-care strategies for counselors, therapists, teachers and health professionals.* Needham Heights, MA: Allyn & Bacon.

Skovholt, T. M., & Ronnestad, M. H. (1992). Themes in therapist and counselor development. *Journal of Counseling and Development, 70*, 505-515.

Skovholt, T. M., & Ronnestad, M. H. (2001). The long, textured path from novice to senior practitioner. In T. M. Skovholt, *The resilient practitioner: Burnout prevention and self-care strategies for counselors, therapists, teachers and health professionals* (pp. 25-54). Needham Heights, MA: Allyn & Bacon.

Stoltenberg, C. (1981). Approaching supervision from a developmental perspective: The counselor complexity model. *Journal of Counseling Psychology, 28*, 59-65.

Summit on spirituality: Counselor competencies. (1997). *ACES Spectrum, 57*, 16.

Turner, B. A. (2005). *The Handbook of Sandplay Therapy.* Cloverdale, CA: Temenos Press.

Vernon, A. (2002). *What works when with children and adolescents: A handbook of individual counseling techniques.* Champaign, IL: Research Press.

Wadsworth, B. J. (1996). *Piaget's theory of cognitive and affective development: foundations of constructivism.* (5th ed.). White Plains, NY: Longman.

Williams, M. (1983). *The velveteen rabbit.* New York: Little Simon.

Yalom, I. D. (1995). *The theory and practice of group psychotherapy* (4th ed.). New York: Basic Books.

Zarzaur, M. C. (2004). The effectiveness of sandtray therapy versus classroom behavior management on the improvement of school behavior of kindergarten through fourth-grade students. *Dissertation Abstracts International, 65*(11), 4121B, (UMI No. 3153961)

附錄
DVD 療程逐字稿

史提夫：讓我們從……你剛創作的這個景象開始……創作這幅景象像是
　　　　什麼？

1) 個　案：創作這幅景象甚至讓我感覺到一些感覺，就像我正在表現這景
　　　　象。好像我已經感受到它們了，雖然我還沒告訴你這個景象。
　　　　我已經感覺到這些令人傷痛的情緒，因為那些是痛苦的情緒。

史提夫：所以你已經感覺到痛苦。

2) 個　案：你了解我的。我現在努力用認知來應對。這說不通的，我只拿
　　　　著玩具，但是我猜想也許想著我正在思考的計畫的這個想法帶
　　　　來了痛苦。

史提夫：嗯，是的，你注意到一些事情。你大概也知道之前我們談過這
　　　　個，你注意到其他的事情是好的。我想，當我邀請你聚焦在生
　　　　活中的所有事情，你注意到了，也帶給你一些痛苦。

3) 個　案：是的，僅只是轉而聚焦它。

史提夫：所以當你創作這個景象，然後你有一些感覺，甚至當你只是拿
　　　　著和選擇一些物件的時候就很有感覺了。就像你現在，我指的
　　　　是我注意到現在你有一些這樣的感覺，現在你注意到些什麼？

4) 個　案：我害怕我會太傷心。你知道我努力讓自己遠離過度的傷心。所
　　　　以，你知道我正被拉扯在與傷心同行，以及努力遠離傷心之

間。

　　史提夫：不論你選哪一邊都沒關係的。所以，現在你有注意到你正遠離
　　　　　　傷心嗎？

5) 個　　案：光是想到有許多的不同會有點焦慮……因為在這裡我的痛苦有
　　　　　　太多不同的成分。在沙盤中，好的地方是有助於表達許多痛苦
　　　　　　的成分，但也不好，因為多了很多痛苦。

　　史提夫：嗯，當我們進展至此。如果你想要從這裡離開，你可以這麼
　　　　　　做，這是可以的。如果你想要更深入，那也很好。沒有正確的
　　　　　　作法……真的沒有。我指的是，等下你注意到我會邀請你告訴
　　　　　　我沙盤中的許多事，但是如果你意識到我不想說，那也無妨，
　　　　　　你不用去談。真的，由你決定。如果你決定你不想經驗某些事
　　　　　　物，那麼我也會處理，看我們要往哪個方向走。所以，可能
　　　　　　會，我也不曉得，也許會起起伏伏，不過也沒有關係，通常晤
　　　　　　談運作就是這樣子。

6) 個　　案：嗯，我想說，我努力去感受我需要感受的感覺，來讓我自己好
　　　　　　過些，但這需要很長的時間。而身旁的人會說：「你認為現在
　　　　　　是前進的時候嗎？」這句話會讓我想到，一定是我做錯了某些
　　　　　　事情，讓我很受傷。

　　史提夫：聽起來當他們對你這麼說，你會經驗到前進的壓力，其他人都
　　　　　　很期待你前進。嗯，你已經知道我對那些話的感覺是如何，我
　　　　　　不希望你感受到任何前進的壓力。事情就是這樣子。我很確
　　　　　　定我不是那群覺得你該前進的人。

7) 個　　案：但是我不想要有這樣的感覺，我只想要克服它，我只想要跳過
　　　　　　傷痛。

　　史提夫：雖然你想要修通你的痛苦，但你不想去感受痛苦，你想要結束
　　　　　　痛苦。

8) 個　案：是的，我只想要用任何我所能做的方式來擺脫痛苦，就像個精靈一樣能夠立刻振作起來。我想要有像這樣子的選擇。

史提夫：如果你能在某些事物上振作那會是很好的。所以，你現在感到有些痛苦。

9) 個　案：嗯，當我在創作景象的時候感到有些痛苦。

史提夫：對，而且現在有點恢復了？（停頓）我想做的是聚焦在……有許多方式可以進行。你能告訴我整個沙盤或者你可以聚焦在沙盤中你認為很重要的某些部分，或很吸引你注意，或是你想要聚焦的。

10) 個　案：嗯，我所選的每一個物件對我來說都很有意義。

史提夫：所以你可以聚焦在沙盤中最有意義的部分，或者全部。

11) 個　案：除非它是有代表性，否則我不會去選擇它。

史提夫：那是一定的。

12) 個　案：我在河中的一條船上，我是那種盲目樂觀的人，因為我感覺我好像不知道諾亞發生了什麼事情，也錯過了一些事物。我不曉得是不是一種否認或諸如此類的。但是現在回過頭來看，當然我覺得像個失敗者。所以，盲目樂觀只是一種方式，代表著沒有和真實發生的事情有所接觸。橡皮圈是我試圖要去救諾亞。你知道的，我曾有個夢是試圖去救他，我想要救他。他溺斃在橋下的水中，而環繞在他脖子上的橡皮圈表示他是窒息而死的。我在方舟上的原因是因為我卡在兩個地方之間（兩極）。我想要在另外一個世界裡輕鬆而且沒有痛苦。所以，這一邊是天堂，而這一邊是世間。距離遙遠的燈塔代表的是一種希望，因為我現在感受不到太多的希望。諾亞是年輕的男孩，而不是男人，因為當我想到十六歲的年紀，還不算是……他還是我心中的那個小男孩。雖然他看起來像是個男人，但是他在我心目

中仍是個小男孩。僅擁有他十六年是不夠的，而我在他還是男孩的階段就失去他了。所以，在天上，諾亞⋯⋯你知道他很喜歡大自然：露營和樹屋。所以諾亞是那隻老鷹，他現在飛得很高，而且很開心的站在樹梢上。這讓我想到一首歌〈乘鷹翅膀〉（On Eagles Wings）。你知道我們在他的葬禮上曾播放這首歌曲。祂要將你乘鷹翅膀升高，所以他現在會很快樂。其他的蝴蝶代表著在天堂裡的人們，和他一起享受著天堂之樂。而我也想要去那裡，我不想等到我七十歲或是之類的。要能與他在一起所要等候的時間太長了，這好像是很長的一段時間。接著是上帝，從那時候開始到現在，我對上帝仍感到憤怒，上帝就像是個巫師，而所發生的一切似乎是沒有規則可循。我大受打擊似乎是不公平的，就像我曾跟你說，我是一個虔誠的基督徒，而且我一生中從未做過任何的壞事。你知道的，我以為我會很平安。因此，我沒來由地受到了打擊，這是很不公平的，所以我必須得要找到方法回到上帝身邊，並且信任上帝。但是你如何能夠信任上帝呢？你在聖經裡讀到祂會保守你平安。接著，在類似這樣的事情發生之後，你會說：「聖經說祂會保守你平安。」結果祂並沒有保守我們平安。

史提夫：所以在諾亞去世之前，你感覺到祂在保守你們平安。接著，在諾亞去世之後，就變得像是我不知道、或是我錯了、或是我認為祢會一直保守我們平安，而祢卻沒有做到嗎？

13) 個　案：我只意識到我的天真，沒有誰會是平安的，或者好人不表示壞事不會發生在你身上。我活在一個我認為那些是真實的國度。我很喜歡那時候的世界，因為我現在比起過去有更多的擔心。

史提夫：聽起來是很赤裸裸的，這世界比你所想像的更加殘酷。

14) 個　案：對！對！

史提夫：嗯，如果我們回到在這樹上的諾亞，你說到他多麼的喜愛大自

然。而他就在那，我想到你說蝴蝶代表著在天堂裡的其他人？所以，他們很開心，當你聚焦在諾亞身上，你會感到安慰，我不曉得。但是當你談論到這個的時候，似乎並未如你所描述的那樣的安慰：他在天堂與在這樹上。

15) 個　案：嗯，我知道我應該去思考一下，諾亞很快樂，是因為我假定諾亞快樂能讓我感到安慰。但是我猜想我需要多停留在他的快樂，少停留在我的悲傷，如此我的痛苦才會減少。因此我要聚焦在他的喜悅。

史提夫：所以，聽起來像是你應該這麼做。

16) 個　案：是的，這方面我沒有做得很好。

史提夫：是的，所以你想要或認為你應該要聚焦在他的開心，但是很難做到。就像要你忽略所經驗到的失落或諸如此類的，並把它當作是背景。

17) 個　案：有很多人都這麼說。也有很多人勸我說他現在很快樂，他不用再與藥癮奮戰。所以那是每個人所給的建議，因為我聽了非常多，讓它對我而言已經不只是個應該（想著諾亞現在是快樂的）。

史提夫：所以這不只是你內在的聲音，也是其他人跟你說的。嗯，獲得這建議的感覺像什麼？

18) 個　案：嗯，這個建議會讓我感到罪惡，因為我沒有聚焦在他的快樂。就像是我怎麼不能忘記我的傷心，而只想到他的快樂呢？但是，你知道上次我在這裡談論到我的時候說：「兒子，你怎麼能夠這樣子對我？」我仍處在那個模式中，「兒子，你怎麼能夠這樣子對我？」我很確定這些日子中的一天，我將會到那一邊，在那裡我為他高興，我也很高興我與他共度所有美好的時光，但現在我不在那裡。

史提夫：現在，你像是什麼感覺？

19) 個　案：我現在正受困於想要到某個開心點的地方與擔心安全感的痛苦
之中。

史提夫：是有其他的壞事要發生了嗎？當你說：「兒子，你怎麼能夠這
樣子對我？」這是你所說的嗎？當我這麼說的時候，看起來你
好像又有一些感覺了。

20) 個　案：兒子，你怎麼能夠這樣子對我？你怎麼能夠拖著我來經歷這一
切？你知道就像是他在折磨我。我知道這一點也不合邏輯，因
為我知道當有人自殺身亡，他們不太有邏輯，而且他們不會想
到任何人。所以，我知道這不合乎常理，但我仍然這樣覺得。

史提夫：雖然不合乎常理，他仍然選擇這麼做，而且仍然對你有所影
響。他沒有試圖要對你做這些事情，但是仍牽動你的感覺。

21) 個　案：是的。

史提夫：所以當你想起這些，想到他做了什麼，以及對你造成的衝擊，
他選擇結束自己的生命對你造成衝擊。現在當你想到這些事情
的時候，你內心發生了什麼事情？

22) 個　案：仍有非常大的毀滅性，有非常大的毀滅性，你知道我流了很多
眼淚。有時候我開車經過他最要好的朋友家，我想到在半夜，
我穿著睡衣在那裡試圖要他回家。我想著我試圖去拯救他的方
法，而我又再次感到自己失敗了。

史提夫：我知道這可能是很難以啟齒的事情，但是你曾提過幾次失敗的
事情。

23) 個　案：任何一位孩子自殺身亡的媽媽都會覺得自己很失敗。我不知道
有誰不會如此。

史提夫：我應該要知道這個。當你談到這，讓我想起你是從希望你注意

到更多的事情開始晤談的。

24) 個　　案：我只覺得我很愚蠢。我是個受過良好教育的人，我只是不相信
我怎能這麼的無知。你知道他們說藥物成癮者會鬼鬼祟祟，而
且欺騙很多人，我倒是見證了這一點。

史提夫：我想他對你說了不少謊。

25) 個　　案：是的，他在學校仍然表現良好，這很讓人意外。他在學校仍然
表現良好，他的成績很好，而且沒有逃學。沒有任何的跡象能
夠幫助我們了解到底發生什麼事情。

史提夫：所以，在所有的事情中，他仍會設法去獲得好成績。

26) 個　　案：你希望我談論另外一邊嗎？

史提夫：好啊。

27) 個　　案：這是我現在的世界，我感受不到太多的喜悅。所以，我沒有把
很多的喜悅放入其中。這些小玩意兒是柯爾斯頓與丹尼爾，他
們在門口，因為我試圖要保護他們。那個象徵著我的守衛，我
會試圖在他們的周圍來保護他們。撒但象徵著藥物、酒精、碾
過孩童的車子，以及所有世界上的危險，我想是這樣。那些蛇
也是撒但，試圖要抓走他們。我有太多的焦慮要試圖去保護他
們。當然，我沒有在這裡也放上三個大女孩，但是對於保護她
們的安全我同樣焦慮。這一類代表曾與我對抗的人，我像是在
打仗。這些代表著我曾經奮戰與輸掉的戰爭。當你失去了一個
孩子，你就輸掉了這場戰爭。我的意思是你真的完全輸掉這場
戰爭，因為養大你的孩子你才算成功。如果你失去一個孩子，
你就是輸掉了這場戰爭。對其他的孩子來說可能不是，但是這
像是一個或全部：全有或全無。有時候我認為我太相信醫生。
他們沒發現諾亞是在騙他們。我唯一信任的地方是他在門診康
復中心告訴我要做什麼。我覺得現在好像錯了，我相信他們。

而這個也代表他住院的事實。我們相信醫院會保護他，但他們卻沒有做到，所以我對醫生和心理健康專業上難以信任。去年夏天諾亞有去看過心理師，但他沒有做得很好。接著這個坦克車對我開砲，試圖在許多方面阻撓我做為一個母親。接著我把神父放在這裡，因為在某種程度上有一部分是關乎上帝，但有一部分是宗教因素，我們先前有談過，而這會讓我心情低落。來自教會的人，沒有一個曾真正的幫助我（我沒有創作出這部分）。我遵循所有基督教的規則到我認為的最後階段。接著，超人王是喬希，也許我應該把他轉過來。他是超人，因為他好像知道所有的事情。而且好像沒有任何事情可以感動到他。他不需要去聽我對諾亞的警告，因為他知道所有的事情。他是超人，他不用聽任何人的話。他和我作對，當然，透過他的訊息，他在我康復的過程中和我作對。在我試圖要拯救諾亞時與我對抗。他對抗著我。很不幸的，他像是在錯誤的道路上，我需要他在船上幫助我度過這一切，但是他沒有。

史提夫：我要說讓我印象深刻的事情之一是，聽起來很寂寞。首先，如果你看到他離得有多遠。不只是他離得有多遠，他甚至沒有接近到船。你描述在諾亞生前與死後，你是如何與他互動，感覺那時你很寂寞，而你現在也很寂寞，因為他沒有支持著你。

28) 個　案：我想我應該可以把陪伴我的姊妹和朋友放進來，因為他們曾幫助過我。

史提夫：所以你並不完全是寂寞的，他們曾在這裡的某個地方，你感受到他們的支持。嗯，現在我們談論過所有的物件了，或許等下我們會再回來。我想要你注意你的身體一會兒，然後告訴我你現在從身體中覺察到什麼。

29) 個　案：我只想要有一些事情來讓我重拾希望：再次感到平安。我不知道我是否需要去接受一週兩次的諮商，或去醫院，或去什麼之

類的。就像是一定會有些事情能幫助我重拾希望。為此我已經
服用許多藥物，但是沒有一種叫作希望的藥物。他們需要一種
叫作希望的藥物。

史提夫：所以，要保有希望是很困難的。

30) 個　案：我想你，諾亞。

史提夫：你為什麼不再說一次。

31) 個　案：我很想你。在我腦海中出現的一件事情是我會重溫他的童年時
期，像是想回到過去，他還是小男孩的時候，我待在家裡陪伴
他：而不是當一個職業婦女型的媽媽。當你想要回到過去，全
部重來，以及事後評論你所做的，這是正常的嗎？你想要做任
何事。

史提夫：你會重溫那段時光，然後重新再來一遍？

32) 個　案：在重要的人去世之後，你會希望你有更多他的照片。我希望我
有他的錄影帶，我希望我擁有許多事物。我很高興我有這些照
片，但是當重要的人去世的時候，這些照片永遠都是不夠的。
這是頭一次，我沒有過喪親或任何的失落經驗。我未曾這麼深
刻地經驗到死亡，以真正了解死亡。與我親近的人都活得好好
的。我的意思是，我這個年紀的女人對於死亡一無所知是很可
笑的，但是我猜想在這方面我是受到祝福的。

史提夫：嗯，你受到祝福，但是你最後提到的事情聽起來像是個批評。
你說什麼，我這個年紀的人很可笑？

33) 個　案：嗯，我不知道。當你失去一個跟你很親近的人，有一陣子你會
很感謝生命中的事物，之後會再回到不再感謝的模式嗎？我不
知道。這是如何運作的？

史提夫：嗯，它在你身上是如何呢？

34) 個　　案：嗯，這對我來說太少見了。

史提夫：所以你希望某個時間點之後，你會更加感謝一些事物。

35) 個　　案：我很感謝與他在一起的時光，但是我想要更多。就像今年夏天……帶著女孩們去旅行……那是我試圖多去感謝我所擁有的方式，而不是讓生命匆匆流逝，而沒有享受到你所擁有的一切。不久前的某一天，我們和喬希談話，他說：「我現在沒有時間和金錢。」而我想要跟他說：「你不能在你這一生的每年都對我這麼說，因為你看看發生了什麼事。」所以這讓你意識到有時候不會再有下次。我一點都不想要看到他在水中，甚至只是看著他都會提醒著我。我想這是一個好的方式，因為會幫助我有所行動，也許能幫助我克服創傷。

史提夫：現在我注意到兩件事情。當你看到他在水中，真的是很難受。

36) 個　　案：是的，非常難受。就像我的那些夢境，你很想要去救他們，你幾乎是想衝過去救他們，但你救不了他們。

史提夫：我想要你再說一次，但這次是用我來取代你，說「我很想要……」

37) 個　　案：我很想要救他，我想要救他。

史提夫：這比任何的事情都還要重要——你覺察到你想要救他。

38) 個　　案：對。我要是能回到之前的那些日子，玩一種遊戲，就是如果我們可以做些不同的，那麼我們就能夠救到他。

史提夫：所以你已經對你自己這麼做了一遍又一遍，想像有許多的「如果」。

39) 個　　案：有一陣子我比較釋懷，像今年夏天我就不常這樣。但自從開學之後，我又這麼做了。我不曉得這是否就像是一種進進出出的循環。

史提夫：當你談論到在循環中進出，我注意到的是即使我們已經長時間
　　　　這麼討論，情緒還是會有所起伏與流動。我注意到你到了某個
　　　　點上，會穩定波瀾或是平靜一會兒，接著又會有所波動之類
　　　　的。這就是你經驗它的方式嗎？

40) 個　案：嗯，我不知道是不是我讓自己分心了。
　　史提夫：嗯，你看起來不像……有時候你似乎有更多的——我不知道這
　　　　是不是平靜——但這一分鐘是有較多的平靜。然後……但或許
　　　　不是……

41) 個　案：我不這麼認為。
　　史提夫：在之前的幾分鐘，你沒有覺察自己感覺到平靜？

42) 個　案：我注意到我停下來了。就像你說的，我停在那裡，然後更加理
　　　　性。我進入了思考模式，而非感覺模式。
　　史提夫：所以是這樣子。

43) 個　案：所以，當我停下來，再次開始思考的時候，我沒有那麼多的感
　　　　覺。
　　史提夫：如果你在思考模式會是這樣子，那不是平靜。如果你在思考模
　　　　式，你更會穩定波瀾。所以在你日復一日的生活中，當你在做
　　　　你必須要做的事情，去工作和念書……所有你必須要做的事
　　　　情。我想你當你自己多處在思考模式之中，你會感到波瀾的穩
　　　　定。

44) 個　案：沒錯。
　　史提夫：你看，現在你就像這樣。

45) 個　案：我控制得很好。只有當我遠離我的學生和一些那類的事情，當
　　　　我可以時，我才會允許自己進入感覺模式。當我在開車的時
　　　　候，有幾次當我能允許自己感覺的時候，我就這麼做。這是很

好的……

史提夫：能夠維持正常的生活是很好的。就像你說的，當你和學生在一起的時候，你會希望自己能夠專注在學生身上。但有趣的地方是，我指的是你一分鐘前說到控制，而現在很有趣的是相較於一兩分鐘之前，你轉換進入思考模式，你剛才似乎是穩定了波瀾。當你在思考模式中，這是你經驗它的方式嗎？還有，你似乎是，我不曉得，穩定了波瀾是我能夠想到的詞彙……嗯，另一個我想到的詞彙是……就像是身處在一個堅強模式。當你在這個模式中，你有感覺到更堅強或是有某種力量嗎？

46) 個　案：嗯，我想力量是因為我在控制……除非我覺得可以，否則我不會讓自己進入感覺模式。

史提夫：嗯，聽起來進入感覺模式像奢侈品一樣難得。

47) 個　案：是的。

史提夫：每週中有許多時間，你根本不能進入感覺模式，你沒有自由、時間或奢侈來進入感覺模式？

48) 個　案：這就是從事兼職工作的好處，因為我有更多機會去想著諾亞。我能夠真正的沉浸在悲傷的感覺中，而不是總將感覺放在一旁，直到適當的時間才去感受。這是好也是壞，因為與這些孩子在一起……你知道的，我們談過如何不要讓他們看到我太傷心。所以和他們在一起，我會非常的小心，不要讓他們看到我太傷心的樣子，但是我知道他們可以接受我看起來有點傷心，讓他們知道我正在經歷的，我還在為諾亞而傷心。

史提夫：所以在他們的身邊，你不會讓自己太常傷心。你會有一點傷心，但是不會太傷心。嗯，我想這樣子會讓他們更有安全感。

49) 個　案：是的，他們不喜歡我哭。

史提夫：看來很多人不喜歡你哭。

50) 個　案：對。

史提夫：你應該結束了，或是你之前並未這麼說。這就像現在不就是該前進的時候嗎？

51) 個　案：如果你在大庭廣眾之下哭泣，人們會看著你覺得你很奇怪，這真的很有趣。因為我和我姊姊一起外出，她讓我談論許多諾亞的事情。接著我開始哭，而人們……我們的社會有些悲哀，認為在大庭廣眾之下表現出傷心是不好的。

史提夫：嗯，在我個人的表演臺上去說我們社會不認為傷心是可以，對我來說很簡單。如果他們知道你發生什麼事情……只過了八個月。任何人對我說，你應該要在八個月內結束對兒子自殺的傷心，是非常沒概念的。為什麼會有人這麼說呢？這無疑是很荒謬的。

52) 個　案：但是我喜歡聽你這麼說，因為我開始問自己這是不是正常的，而喬希也這樣說。他會告訴我：「不要這麼做。」很高興能聽到他人說我傷心是正常的，沒有關係。很多人說：「我甚至不想去想像。」這是正確答案。你甚至不會想去想像。因為如果感覺型的人試圖去想像，他們真的會……

史提夫：嗯，我注意到一些事情，我不曉得今天是否有談論到。我知道我們曾經在其他的時間談論過，但是就在幾秒之前，你再次提到關於正常的部分。就像是你……你提到喬希關於不要去那裡的評論……你從他身上得到的好像是，如果你是正常，你不會經驗到這麼多？是這樣子嗎？

53) 個　案：是的。如果你是正常的，你不會想到讓你傷心的事情，你會阻絕它。這是他會做的，同時他期待我做到的是，不要去想會讓我傷心的事情。

史提夫：所以他的作法是去封鎖他自己的感覺。他希望你做的，為了看

起來正常，是要封鎖你自己的感覺。

54) 個　案：而且也不要因為這些事情去麻煩他。像是我趴在他身上哭泣，或者期待他抱著我之類的，不要麻煩他，因為這是很過分的要求。

史提夫：嗯，當然，我們之前曾經討論過一些事情是關於不要麻煩他。他希望你能夠不要讓人太傷神。我想他並沒有這麼幸運，是嗎？

55) 個　案：很好搞定，悲傷的妻子——親愛的，很抱歉。

史提夫：嗯，當我想到你，他可以挑選一個很好搞定的人，而你不是，因為你有所感覺，你也談論這個議題，而不是將這些議題隱藏起來。所以我想要將話題聚焦在不要煩我的事情上。當我回想到……因為我認識你已經有一段時間了，當我回想到諾亞的事件發生之前，你的生活就是有狀況，即與喬希的關係：不要煩我。

56) 個　案：對。現在對我來說更重要的是我的需要，它們是最合理的需要。我的需要是能哀悼和能夠支持自己的伴侶一起，就像是許多母親所可以擁有的最合理需要一樣。我質疑自己我的需要是有多合理，現在我不再質疑了。我知道我需要他，然而他不了解這是合理的，也不知道如何回應。

史提夫：嗯，我想到一件事，當你說到你的需要是合理的，對我而言，糟透的是你居然需要為此提出正當的理由。

57) 個　案：不，你懂我的。

史提夫：是的，我懂，但是你不需要這樣，這個需要是合理的。我想因為我知道你們的關係有一陣子是如何的互動，他對你說的事情會影響你去質問自己，也懷疑這是不是一個合理的需要。

58) 個　　案：史提夫博士，你在這裡為我的生活作了非常好的總結。他很有
　　　　　　　趣，因為當他聽到我今天要過來，他像是想說你希望我去嗎？
　　　　　　　我正想對他說：「老兄，你不能每四個月才去。」像這樣是不
　　　　　　　會有效的。

　　　史提夫：嗯，我不希望他今天過來。

59) 個　　案：不，我知道他只是隨口說出每四個月一次。

　　　史提夫：所以他甚至不會去想到沙盤的事情？就只是你去，所以這個時
　　　　　　　間我也去。

60) 個　　案：他是有幫助的。

　　　史提夫：好傢伙，我已經好久沒看到他了。好的，嗯，我想你現在是處
　　　　　　　在思考模式，如果可以的話，在這停下來可能比較好。我喜歡
　　　　　　　看著這景象，非常的真實，就如同在開始之前我跟你說，那具
　　　　　　　有立體的特性，也有很多很多的意象。

61) 個　　案：確實是如此。

　　　史提夫：好的，嗯，那我們今天就先到這裡。

國家圖書館出版品預行編目（CIP）資料

人本取向沙盤治療／ Stephen A. Armstrong 著；
許智傑，謝政廷譯. -- 初版. -- 臺北市：
心理, 2012.05
　　面；　公分. --（心理治療系列；22134）
譯自：Sandtray therapy: a humanistic approach
ISBN 978-986-191-498-5（平裝附光碟片）

1. 遊戲治療　2. 心理治療

178.8　　　　　　　　　　　　　　　101006570

心理治療系列 22134

人本取向沙盤治療

作　　者：Stephen A. Armstrong
校 閱 者：沈玉培、施玉麗
譯　　者：許智傑、謝政廷
執行編輯：林汝穎
總 編 輯：林敬堯
發 行 人：洪有義
出 版 者：心理出版社股份有限公司
地　　址：231 新北市新店區光明街 288 號 7 樓
電　　話：(02) 29150566
傳　　真：(02) 29152928
郵撥帳號：19293172 心理出版社股份有限公司
網　　址：http://www.psy.com.tw
電子信箱：psychoco@ms15.hinet.net
駐美代表：Lisa Wu（lisawu99@optonline.net）
排 版 者：龍虎電腦排版股份有限公司
印 刷 者：竹陞印刷企業有限公司
初版一刷：2012 年 5 月
初版三刷：2018 年 10 月
I S B N：978-986-191-498-5
定　　價：新台幣 260 元（含光碟）